CUANDO LOS MUERTOS HABLAN

Mensajes y experiencias con seres del más allá

La Bruja Aura

I0894336

EMU editores mexicanos unidos, s.a.

D. R. © Editores Mexicanos Unidos, S. A.
Luis González Obregón 5, Col. Centro,
Cuauhtémoc, 06020, D. F.
Tels. 55 21 88 70 al 74
Fax: 55 12 85 16
editmusa@prodigy.net.mx
www.editmusa.com.mx

Coordinación editorial: Mabel Laclau Miró
Diseño de portada: Ana Rivera
Ilustración de interiores: Mónica Galván
Formación y corrección: Equipo de producción de
Editores Mexicanos Unidos

Miembro de la Cámara Nacional
de la Industria Editorial. Reg. Núm. 115.

1a edición: marzo de 2010

ISBN (título) 978-607-14-0336-0
ISBN (colección) 978-607-14-0321-6

ISBN 978-607-14-0336-0
9 786071 403360

Impreso en México
Printed in Mexico

CUANDO LOS MUERTOS HABLAN

Mensajes y experiencias con seres del más allá

INTRODUCCIÓN

El mundo de los muertos es un misterio que aún no ha podido ser revelado. Pocos son lo que han tenido contacto con algún ser que ha perdido su cuerpo material, pero somos mucho menos los que nos atrevemos a aceptar públicamente haber vivido una experiencia de este tipo. En estas páginas plasmo el conocimiento que he adquirido a través de largos años de practicar la magia; especialmente me refiero a las experiencias personales con aquellos seres que se quedan atrapados en nuestra dimensión, esos entes a los que por lo común llamamos *los muertos*.

Si alguna vez has sentido que tu cuerpo se eriza y un frío intenso recorre tu columna, tal vez es el momento adecuado para que inicies esta lectura, de buscar explicaciones y entender por qué algunos espíritus no pueden abandonar el plano terrenal y se siguen manifestando ante algunos elegidos.

Las voces que susurran entre las paredes, las sombras que recorren los cuartos vacíos, la sensación de ser vigilado o acompañado, todo tiene una explicación: estamos conviviendo con la esencia de alguien que no ha podido alcanzar la luz y el descanso eterno.

Si el tema te interesa o apasiona, te invito a que recorras estas páginas y compruebes por ti mismo que aquello que en muchas ocasiones consideramos simples casualidades o supersticiones, puede ser el mensaje de los muertos: un mensaje que es importante y que hay que aprender a percibir para ayudarlos a trascender al plano que ahora les corresponde.

¿Tienes miedo? Yo también lo he vivido, nos es fácil enfrentarse a lo desconocido. Por eso he escrito este libro, porque sé que muchas personas están en la misma situación en la que me vi hace años, cuando buscaba respuestas o ayuda pero no las encontraba.

CAPÍTULO I

¿QUÉ ES EL ESPÍRITU?

El espíritu es la esencia del ser, el alma, el soplo divino: el ánima. La manera como se defina depende de las propias creencias, de la cultura a la que se pertenece o la religión que se profese. Sin embargo, no existen grandes diferencias cuando nos proponemos expresar con palabras aquello que para el entendimiento humano aún es inexplicable; la fuerza de la vida, esa razón por la que la carne tiene movimiento y nuestro cerebro se llena de entendimiento.

Pues bien, el espíritu puede definirse como una fuerza superior que llega a este plano proveniente de otra dimensión y que, para permanecer aquí y cumplir la misión que el Creador le ha encomendado, necesita de un complemento material: el cuerpo.

Coincido con muchos maestros del esoterismo acerca de la convicción de que el espíritu es una partícula pequeñísima, imperceptible, que encierra en su interior un poder inmenso y sublime. Dicha partícula se vale de los órganos sexuales para poder insertarse en un nuevo ser y tener una nueva oportunidad para cumplir una misión suprema dentro de este mundo.

Por este motivo, creo plenamente que el espíritu no desaparece, trasciende a un plano más elevado, donde le es encomendada una nueva misión y regresa para encarnarse en otro ser; sin embargo, por alguna razón divina, en cada encarnación pierde parte de su conciencia o la guarda en lo profundo para tener la oportunidad de empezar de nuevo, lleno de virtudes, sin ningún tipo de defectos, como es que nacemos todos, como seres puros, sin maldad, con una gran aura de amor y ternura.

En nuestra cultura es común creer en la reencarnación, defendiendo la posibilidad de que nuestros seres cercanos regresen a este mundo dentro de la propia familia; así pues, se dice que un bisabuelo ha regresado al mundo en un pequeño bisnieto que, sin haberlo conocido, comparte con él algunos rasgos y ademanes que hacen que el fenómeno vaya mucho más allá de una simple coincidencia. Tú mismo pudiste haber sido testigo de un caso similar, quizá no lo hayas tomado en serio; sin embargo, al reflexionar sobre ese hecho y acerca de la constancia con que se presenta, nos hace dudar si de verdad se trata de una casualidad o una reencarnación. Es otro tema controversial, ligado directamente con la posibilidad de regresar a este mundo cuando se ha abandonado el propio cuerpo.

Los espíritus, como esencia de vida, emanan vibraciones energéticas que pueden ser muy altas y puras o muy bajas y contaminadas, todo depende del proceder que hayan tenido a lo largo de su estancia en este mundo. Esa vibración es perceptible para muchas personas que tienen el don de sentir o intuir las verdaderas intenciones de quienes los rodean; don que se encuentra en todos los niños a temprana edad y en animales como los perros y gatos, los cuales son capaces de percibir el motivo más genuino para con ellos cuando un ser se les acerca.

Incluso, las personas que han pasado por la experiencia de la muerte durante algunos instantes aseguran que su alma se desprende del cuerpo y vaga libre sin verse afectada por el tiempo o la distancia; más aún, hay quienes afirman que mientras su corazón se detuvo por unos segundos, su espíritu se trasladó a lugares tan distantes como el otro lado del planeta para ver a un ser querido o visitar un lugar del que tienen preciosos recuerdos. No obstante, este fenómeno va mucho más allá, pues también son comunes los relatos en los que las personas dicen haber visto o platicado con individuos que ellos creían vivos, pero que en realidad ya habían abandonado este mundo.

Mi experiencia cuando hablé con una persona muerta

Tiempo atras tuve una experiencia que, aún ahora, hace que se me erice la piel, pues es realmente impactante. Este evento ocurrió a principios de los años ochenta, cuando, aún inexperta en el manejo de la magia y sus secretos, tuve la oportunidad de viajar a un lugar cerca de Veracruz para conocer más sobre el poder de las fuerzas ocultas.

En esa ocasión brindaba apoyo espiritual a doña Esther, una mujer anciana y enferma, sin embargo, tenía un gran aliciente para vivir, pues anhelaba poder estrechar entre sus brazos a un hijo que se encontraba muy lejos. Así, después de hacer el ritual y verla mejorada, emprendí el camino hacia Veracruz, donde estuve alrededor de quince días internada en la selva y aprendiendo los secretos de la magia de los brujos expertos.

Cuando regresaba a la ciudad de México debido a un evento fortuito y sorpresivo, pues no tenía planeado cuándo sucedería, encontré en la central camionera a doña Esther; la sorpresa fue enorme, pues sabía que su condición física ya no le permitía levantarse de la cama. Al acercarme, me saludó de manera efusiva; sin embargo, pude percibir algo raro en el ambiente, pues al tocarla la sentí fría, mientras ella muy emocionada me hablaba de que ya había visto a su hijo, incluso me contó algunos detalles y después se perdió caminando entre la gente.

De vuelta a casa dejé pasar una semana antes de ir a visitarla, pues estaba convencida de que ya no necesitaba mi ayuda. Mi razonamiento se basaba en que la había visto sola y caminando, lo cual hablaba de que había mejorado notablemente. Así, una tarde decidí ir a su casa y llamé a su puerta; me abrió un hombre al que le dije que quería ver a doña Esther, pues me daba gusto saber que estaba muy mejorada y quería darle un pequeño presente.

El hombre, muy sorprendido, me miró con rencor, y a gritos y con lágrimas en los ojos me corrió de la casa, diciendo que sólo iba a burlarme de su pena, pues su mamá había muerto hacía dos semanas, justo un día después de que él regresara de Estados Unidos. Como pude le expliqué que eso era imposible, pues yo la había visto apenas hacía una semana, saludable y caminando. Ésa fue la gota que derramó el vaso y, en un arranque de furia, me amenazó con llamar a la policía si no “me largaba” inmediatamente.

Entre la confusión y el miedo a ser víctima de un engaño o de represalias me retiré, pero al pasar por la casa de una de las vecinas aproveché para preguntarle qué había sucedido. Esta persona me dijo que doña Esther había muerto hace casi quince días, dos días después de que me había ido y un día después de que su hijo llegara a verla. Mi incredulidad fue enorme, así que le conté lo sucedido y con una expresión aún más que incrédula me pidió que juntas rezáramos un rosario por el descanso de su alma.

Días después, tuve oportunidad de consultar a uno de mis maestros y preguntarle qué pudo haber sucedido. Ésta fue su respuesta:

> Aura, los espíritus no abandonan este mundo hasta que cumplen con todos sus pendientes. La mujer que tú viste era eso, un ánima que vagaba en pena porque sentía que debía verte por última vez antes de partir; por eso la viste, por eso la sentiste fría, porque se materializó para ti, para despedirse e irse en paz.

Jamás olvidaré las palabras de mi maestro, porque me han servido para explicar muchos fenómenos que se han presentado a lo largo de mi vida.

Además, esta experiencia me ayudó a para comprender mejor la naturaleza de los espíritus, entes sin cuerpo que no están sujetos a las leyes de la física y pueden trasladarse en segundos de un lugar a otro, manifestarse consciente o inconscientemente, aunque sólo algunas personas poseen la capacidad de percibirlos.

Los muertos realmente nos hablan, de verdad se hacen presentes en muchas situaciones de nuestra vida; sin embargo, nosotros estamos cerrados, no queremos darnos cuenta de sus mensajes, algunas veces por ignorancia y otras por temor.

La conexión entre cuerpo y espíritu

Cuando hablamos de los muertos y sus manifestaciones, es importante comprender que existe un lazo entre nuestro cuerpo y el espíritu, nexo que regularmente es llamado por los místicos *el cordón de plata*, el cual se encarga de conectar la carne, la materia con el ser incorpóreo, la esencia de la vida, el espíritu.

Cuando llegamos al mundo, ese lazo se forma en el vientre de nuestra madre y permanece indestructible hasta el día en que morimos. En el momento de nuestra muerte, el lazo se rompe y el espíritu es llamado por el Creador para elevarse hacia otro plano, ya sea para regresar a la Tierra en una nueva misión, o bien, para elevarse hasta un plano más cercano a la luz perfecta, es decir, a nuestro Creador.

CAPÍTULO II

¿A DÓNDE VA EL ESPÍRITU CUANDO MORIMOS?

Son infinitas las teorías que nos refieren qué pasa cuando morimos. Para las culturas prehispánicas, el alma emprendía un viaje hacia el *mictlan* o mundo de los muertos, pero para llegar a éste era necesario haber sido bueno con los perros cuando se tenía vida, porque uno de ellos nos ayudaría a cruzar un río formado por lágrimas, el cual nos conduciría hasta llegar a la morada final. No obstante, existían otras posibilidades, aunque menos comunes; por ejemplo, los guerreros muertos en batalla o las mujeres que fallecían en el primer parto tenían la gracia de acompañar al ser supremo, para ellos representado por el Sol.

La muerte en algunas religiones

La religión católica nos presenta tres opciones después de la muerte: la primera y más común es el purgatorio, lugar adonde van las almas mientras se define su suerte y donde pasarán la eternidad. La segunda opción es el cielo o la gloria eterna, el paraíso, un lugar de gran belleza donde no existen los problemas propios de la vida en la Tierra; no hay rencores, envidias, ni necesidades, nadie pasa hambre, tampoco hay miseria, todo es dicha y amor al lado del Señor. La tercera, la contraparte, es el infierno, las llamas eternas que consumirán y atormentarán al alma por toda la eternidad, en este lugar reina Lucifer, señor de las tinieblas y príncipe del mal.

Estas afirmaciones son sólo teorías y fundamentos religiosos, pues nadie tiene una prueba fehaciente de cómo es el mundo de los muertos y cuál es el camino que siguen las almas cuando la persona muere.

El libro de Enoc narra el destino que pueden tener las almas cuando se desprenden del cuerpo. Según la historia, Gabriel, el ángel de Dios, le hizo a Enoc tan importante revelación a través de una visión profética, en la cual se narran siete posibilidades que van desde el castigo eterno hasta el camino hacia la luz divina.

Este libro es considerado apócrifo por algunos y sagrado por muchos otros; sin embargo, lo justo es que cada persona se forme una opinión propia al conocer la gloria y los tormentos que en él se narran, aunque, como lo hemos mencionado, cada espíritu es juzgado por sus acciones en la Tierra y nuevamente los excesos y las perversiones son consideradas con severidad, mientras que el amor hacia los demás se premia con la gloria eterna y la compañía del Todopoderoso.

Algunos verdaderamente se van

La mayoría de las religiones coinciden en que el alma o espíritu será víctima de sus propias acciones, aunque existen divisiones incluso en el plano terrenal.

Por ejemplo, los espíritus puros o de alta vibración son aquellos que habitan en las personas buenas, caritativas, sinceras y que están dispuestas a hacer el bien a los demás; son capaces de mostrar sus verdaderos sentimientos y tienen poco apego a la riqueza o las comodidades materiales, pues anteponen siempre el bienestar común. Estas almas tienen un lugar seguro junto a Dios.

Por otra parte, las almas impuras o de baja vibración son aquellas que han caído víctimas del egoísmo, la lujuria, el odio y el rencor, basan su dicha en las posesiones, aunque para alcanzarlas deban hacer el mal a sus semejantes; estas almas muchas veces son comandadas por demonios que, aprovechando su debilidad, las llevan por mal camino, apartándolas de la luz y usándolas como herramientas de maldad. Para ellas, la gloria está cerrada y sólo tendrán un lugar en el averno.

Sin embargo, existe un tercer tipo de almas, que sin importar si fueron buenas o malas nunca pudieron cumplir su misión en el plano terrenal. Están condenadas a vagar en busca de alguien que les ayude a finalizar su cometido y así librarse de las ataduras de este mundo; éstas son las almas de los muertos que se manifiestan en nuestra dimensión.

El mundo de los muertos: un misterio que muchos han querido revelar

Muchos investigadores se han avocado al estudio de los espíritus para desentrañar los misterios que su mundo representa, siendo quizá uno de los misterios más grandes y más antiguos en la historia de la humanidad.

De entre estos investigadores, se destaca uno que por la grandeza de su obra resulta representativo cuando mencionamos el espiritismo; nos referimos a Allan Kardec, quien en sus escritos plasma una serie de oraciones que llevan a la conciencia a un trance mediante el cual se puede visitar el mundo de los muertos o, al menos, percibir los mensajes que de él provienen.

Se dice que con estas mismas oraciones se han realizado sesiones espiritistas, en las que uno de los ahí presentes presta su materia, es decir, su cuerpo, para que un espíritu ajeno pueda hablar y revelar su mensaje, principalmente de curación o consejo, que permita a los ahí presentes elevar su nivel espiritual o trascender en esta vida.

Otro investigador muy apreciado, aunque también muy polémico, fue Thomas Alva Edison, pues se dice que el teléfono fue, en realidad, un intento suyo para contactar almas que se encontraban más allá del plano terrenal; es difícil afirmarlo, aunque debemos recordar que en la mente de muchos científicos ha estado y está latente la esperanza de ser los primeros en contactar con los descarnados.

La güija o tabla de los muertos

La güija es una tabla cuyo origen se adjudica a las tribus celtas, la cual fue creada para establecer comunicación con los muertos; es un instrumento tan poderoso que difícilmente se puede seleccionar al ente con el que se hará contacto. Esta tabla contiene un abecedario, una respuesta positiva y una negativa, los números del cero al diez y, en algunos casos, la representación del Sol y la Luna; además, cada cultura la ha adaptado y le ha agregado símbolos del bien y del mal: cruces, señales de protección, invocaciones y lecturas en latín, así como otros elementos que sólo sirven para adornar tan preciado instrumento.

Estas tablas han trascendido a lo largo de los años y ahora es común que se vendan en una presentación lúdica, pues se asume que su poder es inexistente y las respuestas que arroja están manipuladas por alguno de los participantes; en realidad, mi opinión es diferente, tengo la certeza de que es un instrumento creado por seres con un gran conocimiento acerca del poder espiritual, y que se trata de un objeto exclusivo de rituales serios, pues es capaz de abrir puertas hacia dimensiones y seres que son superiores e inferiores a nosotros pero que, de manera inexplicable, se manifiestan en este plano con gran poder y no siempre con buenas intenciones.

No obstante, estoy segura de que si tienes este libro en tus manos es porque estás interesado en conocer el mundo de los espíritus y, quizá, hayas tenido algún contacto con esta tabla. Con seguridad, en la primera ocasión pudiste creer que se trataba de un juego; en la medida en que practiques más a menudo, ésta puede seducirte poco a poco, transformándote en un adicto a sus revelaciones, porque cualquiera puede tenerla en sus manos, pero para manejarla es necesario contar con una serie de precauciones que muy pocos conocen y que pueden resultar de vital importancia. A continuación enumero tales consideraciones, para que aquellos que caigan víctimas de la curiosidad lo hagan protegidos y cierren la entrada a los seres de bajo astral.

Es fundamental que siempre tengas encendida al menos una vela blanca; la luz de una vela blanca representa pureza, es de altas vibraciones y mantendrá alejados a los espíritus negativos; también será necesario que haya agua bendita, en cantidad suficiente para rociarte y rociar los rincones de la habitación, si esto fuera necesario; tampoco puede faltar la señal de la cruz, que para los demonios es infranqueable pues quedan paralizados ante su divino poder.

Atacadas por demonios a través de la güija

Ésta fue otra experiencia muy fuerte, en la cual llegué a dudar de mi fuerza espiritual y de mi cordura, pues se trataba de una prueba inmensa que sólo pude librar con la ayuda de mis maestros y sus consejos.

Hace algunos años me contactó una mujer joven, de treinta años de edad como máximo, quien era víctima de un espíritu que se manifestaba en su casa, haciéndole la vida imposible. Antes ya había buscado ayuda con religiosos y otros especialistas, pero nadie le creía, simplemente porque el fenómeno no se presentaba cuando esas personas acudián a su casa.

Así, nos pusimos de acuerdo para poder visitarla una noche en su casa, muy cerca del Río de los Remedios, a orillas de la ciudad. Llegué ahí con una tabla güija y algunos artículos necesarios para dar luz a esa ánima y mostrarle que ya no pertenecía a este mundo.

A las doce de la noche en punto comenzamos una sesión espiritista, en la que buscaríamos enterarnos qué era lo que detenía a ese espíritu, qué era lo que no le permitía trascender. Justo a la media noche invocamos al alma, le pedí en repetidas ocasiones que se manifestara a través de la tabla güija, pero no hubo respuesta.

En cuanto di el asunto por terminado y pedí que encendieran las luces, la vela que nos iluminaba empezó a consumirse rápidamente, creando una mancha con figura de humano sobre la mesa. Las luces eléctricas empezaron a prenderse y apagarse sin que nadie tocara el apagador; un viento helado recorrió la habitación y los presentes nos quedamos inmóviles por la impresión.

La güija empezó a marcar rápidamente letras y números, con éstos se podía leer el nombre de una mujer llamada Elvira, luego se pudo leer el siguiente mensaje: "¡Estás loca, maldita, yo soy el amo!". Un segundo después todo regresó a la calma, y la mujer que me había llamado entró en un lapso de pánico. Cuando pudo recuperarse me dijo que su hermana se llamaba Elvira, pero era demasiado joven para tener enemigos, tan sólo contaba con 16 años.

Buscando explicaciones hablé con su hermana en presencia de sus padres y de Rosa, quien me había contactado. En un principio la joven negó saber de qué se trataba, pero, poco a poco, se fue abriendo y nos confesó que ella y unas amigas habían jugado con una tabla güija un martes por la noche, cuando sus padres aún no regresaban a casa. Ellas querían saber qué pasa cuando las personas mueren, qué hay en el mundo de los muertos y a qué lugar van los espíritus, pues una de ellas acababa de perder a un ser querido y lo quería contactar por curiosidad.

Durante la sesión, ellas no estuvieron protegidas con una vela blanca y, debido a su inexperiencia, la guija no les permitió contactar con un espíritu; por el contrario, abrieron una puerta para que un ser de bajo astral se manifestara, un *demonio*, como normalmente se les llama. Todo esto lo supe días más tarde, así que cuando volví iba mejor preparada y me di a la tarea de contactar con ese ser.

En esa nueva sesión, por medio de la guija se podían leer palabras tiernas, halagos, promesas de riqueza y dicha, incluso estuve tentada varias veces, pues ese tipo de seres conocen nuestras debilidades y aspiraciones, las cuales usan para seducirnos y convertirnos en sus vehículos de maldad. Finalmente, después de una sesión de varias horas, me di cuenta de que no lograba ningún avance, por lo que me retiré.

Al día siguiente regresé, pero llevaba un arma mucho más poderosa, portaba agua bendita y había encendido copal con la finalidad de atraer a los seres de luz para que me ayudaran a librar esa difícil batalla. Nuevamente preparé la tabla, me protegí con la luz de siete velas blancas, e invoque de manera frontal a mi enemigo. En ese momento supe que Elvira se había enfermado y sufría terribles temperaturas, estaba segura de que ese ser maligno estaba luchando para apoderarse de ella.

En esta ocasión el contacto fue inmediato, el ser se manifestó a través de la tabla con tal velocidad que mi asistente no podía escribir todas la letras que dictaba. En la sesión me acompañaba uno de mis maestros, un hombre anciano que conocía los secretos de la magia y los compartió conmigo. Él empezó a ofender al demonio, gritaba malas palabras y escupía en los rincones de la casa; cuando, de pronto, se llevó las manos al cuello, su cara cambió, su semblante tenía el rictus característico de quien está siendo ahorcado. Me levanté de mi lugar y lo rocié con agua bendita; en ese momento sus facciones se relajaron y empezó rezar unas oraciones que venían en un libro de San Benito, de las que hablaré en capítulos más adelante. La güija se quedó quieta, las luces dejaron de parpadear y las velas encendieron con mayor fuerza, emanando una luz muy pura.

Mientras tanto, Elvira mejoraba de pronto, y al cabo de unos minutos estaba completamente recuperado. Esa noche nos retiramos con la esperanza de que el fenómeno no se repitiera; y así fue, nunca más volvieron a ser molestadas.

El maestro me explicó que había visto claramente una sombra que se desprendía de la pared y se dirigía hacia él, ahorcándolo y robándole el aliento; fue en ese momento cuando se defendió, llevándose las manos al cuello para tratar de liberarse, lo cual le era muy difícil, pero cuando le rocié el agua bendita, la sombra cayó sobre el fuego de las velas y se retorció, por eso empezó a rezar las oraciones del libro de San Benito Abad, que son especiales para expulsar demonios, pues no todos los seres etéreos que nos acompañan en el mundo son espíritus, también los hay de luz o ángeles, así como demonios que aprovechan cualquier oportunidad para atacar y robar la energía de las personas, principalmente de las más débiles, en este caso de Elvira, quien finalmente pudo salvarse.

Espero que esta experiencia sea útil para las personas que buscan entablar comunicación con los muertos, pues no siempre se logra llegar al ser que se busca, y muchos son los que posteriormente se arrepienten de haber abierto el portal a seres sin que logren controlarlo.

CAPÍTULO III

ESPÍRITUS ATRAPADOS EN NUESTRO MUNDO: LAS CAUSAS

Respecto a los espíritus, podemos decir que ellos sólo tienen una manera de desprenderse del cuerpo, saliendo por los pies; por eso sabemos que esa parte del cuerpo es sagrada en algunas latitudes del planeta, aunque en el mundo occidental carece de un significado más profundo. En algunos casos el espíritu abandona momentáneamente el cuerpo, sin llegar a romper *el cordón de plata* que lo une a él; por lo regular, esto sucede al recibir una impresión muy fuerte o al ser víctima de un accidente, por lo cual muchas personas relatan que han visto su cuerpo tendido mientras pierde sangre, o bien, que después de una gran impresión han podido elevarse y ver desde un punto de vista muy diferente todo lo que rodea su cuerpo, como si se tratara de alguien más.

Espíritus de untar y tomar

Nuestro país es rico en tradiciones y una de ellas, muy antigua, dice que los niños pequeños pueden ser abandonados por su espíritu y por su ángel guardián; esto sucede cuando el pequeño ha sufrido una gran impresión, entonces pasará unos días en los que prácticamente no come, no llora y casi no se mueve. Después llega un lapso en el que se ve desmejorado y no deja de llorar. Las abuelas consideraban que esta condición se daba porque al niño "se le fue el espíritu" y la remediaban bañándolo a las doce del día con agua de flores de castilla y una pomada que, aún en la actualidad se puede encontrar con el nombre de "espíritus de untar y tomar". Si todo esto te parece una fantasía, entonces no has presenciado cómo los pequeños mejoran de manera inmediata, dejando de llorar y de quejarse, además de recuperar el apetito y la vivacidad característica de su edad.

Ésta es sólo una muestra de un pequeño momento en que el espíritu ha abandonado el cuerpo, pues recordemos que los seres incorpóreos no están conscientes del tiempo y lo que para ellos es un abrir y cerrar de ojos, para nosotros puede traducirse en días de angustia.

Las almas que se quedan vagando en este mundo

Cuando un espíritu ha roto el *cordón de plata*, desligándose totalmente de su complemento material el cuerpo, emprende entonces el viaje sin regreso, el cual comienza con un túnel lleno de luz que coincidentemente han relatado todos aquellos individuos que han sido declarados muertos durante algunos instantes. Sin embargo, no todos los espíritus se van, algunos permanecen en este plano porque su alma está atormentada y no logra alcanzar el descanso eterno. Esos espíritus a los que llamaremos *ánimas en pena,* pueden permanecer aquí por días, años o siglos, según sea el motivo que los mantenga prisioneros en este mundo, al que ya no pertenecen.

Muertos por sorpresa

La causa más común de que los espíritus permanezcan en este plano es cuando una persona sufre una muerte repentina, causada por un asesinato o un accidente; su alma aún no es llamada a rendir cuentas ante el Creador, no era su momento de dejar este mundo, por lo cual no sabe qué hacer y, en ocasiones, ni siquiera está consciente de que ha perdido su cuerpo. En esos casos el alma vagará por los lugares que recorría normalmente cuando aún tenía un cuerpo, visitará a sus amigos, regresará a su casa, si lo desea irá a su lugar de trabajo; en fin, seguirá con sus actividades como si nada hubiera pasado, pues esa alma está en *shock*, no reconoce que ya no debería estar con nosotros. Entonces hace esfuerzos por hacerse notar por los vivos, aunque muy pocas veces puede lograrlo.

Largas agonías

Otra razón importante para la presencia de estos espíritus es cuando una persona muere de manera lenta, pasando por una larga agonía que la tuvo postrada en cama por meses, sin poder salir de su habitación. En ese caso, la habitación o la casa entera se impregna con su energía; el espíritu, al igual que el cuerpo, se va agotando, se desintegra lentamente, hasta que llega el momento en que tanto el cuerpo como el alma son tan débiles que ya no pueden seguir juntos y se separan, causando la muerte.

En este caso, una de las dos partes, carne o espíritu, pudo haber estado sana en un principio, pudo haber tenido ganas de luchar y seguir viviendo; lamentablemente su complemento ya no era apto para la vida y las fuerzas se mermaron hasta que se pierde el aliento. En esos casos el alma es débil, no puede marcharse porque carece de la fuerza necesaria para emprender su camino. Estas almas se vuelven prisioneras del lugar donde estuvieron cuando estaban vivas y, en algunas ocasiones, requieren años para poder recuperarse y trascender a otro plano.

Un pendiente los retiene en este mundo

Existen espíritus que tienen una misión trascendente en esta vida, porque deben llevar a cabo algo que para los demás pudiera ser insignificante, pero para ellos es un mandato divino que no los deja descansar; en este caso no importa la forma en que hayan muerto, ellos se resistirán a partir y lucharán con todas su fuerza para permanecer entre los vivos hasta que su encargo haya sido cumplido. Estos espíritus son fuertes y son los que regularmente pueden comunicarse con los vivos para solicitar su ayuda. Aunque en un principio sus apariciones pueden ser esporádicas, poco a poco se vuelven más regulares y de pronto nos encontramos con que son cotidianas y mucha gente se acostumbra a vivir con ellos, pues no saben interpretar su mensaje.

Muy similar es el caso de las personas que mueren dejando pendiente un importante asunto entre los vivos, se resisten a marcharse y buscan a toda costa que se cumpla su voluntad para poder descansar. Estas almas pueden haber pertenecido a personas avaras que guardaron su dinero por mucho tiempo, sin compartirlo con sus familiares, llevando una vida de carencias por atesorar algo que no disfrutaron nunca.

La gente que nunca expresó sus sentimientos

También puede ocurrir que una persona haya muerto sin poder confesar un gran secreto o llevándose a la tumba un mensaje importante, incluso se puede presentar este fenómeno si la persona murió sin manifestar sus sentimientos, positivos o negativos, hacia alguien. Es en este sentido cuando se habla de que las personas que fueron reprimidas o maltratadas vagarán por unos días en la Tierra para atormentar a su opresor. Ocasionalmente, el alma vagará cuando reconozca que obró mal con gente cercana que nunca le hizo daño; por ejemplo, un padre que maltrató a sus hijos o su mujer causándoles sufrimiento, o bien un hijo que nunca escuchó los consejos de sus padres y que los inquietó con su comportamiento.

Otro caso muy particular es el de las personas que tuvieron gran apego por una mascota y que sienten que en su ausencia ese animalito estará desprotegido; entonces trataban de permanecer en este mundo hasta que el animalito muera y los acompañe en su viaje.

Las cadenas de lágrimas

Los muertos a los que sus seres queridos les han llorado durante mucho tiempo tampoco consiguen el reposo de su alma de inmediato. De hecho, es una creencia muy arraigada la que dicta que a las personas no se les debe llorar más de nueve días a partir de su muerte; de lo contrario, se les "retiene" y no se les permite que lleguen al descanso eterno. Las lágrimas que derramamos por los que se han ido pocas veces son para ellos; regularmente lloramos por el vacío que dejan en este mundo, por el dolor que nos causan con su ausencia y por eso ellos no se van; quieren dar consuelo a sus deudos, tratan de permanecer es el plano terrenal para no causarles dolor.

Los que hicieron pacto con Satanás

En algunas ocasiones, la desesperación o la codicia orillan a las personas a entablar relaciones con el amo de las tinieblas. Se han dado casos en los que mediante ritos de ocultismo alguien cede los derechos de su alma al oscuro. Cuando esto sucede, el demonio es libre de tomar esa alma si la persona todavía está viva y la obliga a cometer actos que lo honren con su maldad; o bien, si lo cree conveniente, tomará ese espíritu reteniéndolo en la Tierra para que obedezca sus designios. En este caso, el alma penará por los siglos de los siglos, sin oportunidad de librarse de ese pacto hasta que sea llamado a ocupar su lugar en el foso flamígero.

CAPÍTULO IV

¿CÓMO SE MANIFIESTAN LOS MUERTOS?

Desde que el espíritu pierde su investidura, comienza a buscar su camino hacia la luz; sin embargo, si este camino no está abierto para él, entonces se verá condenado a vagar por este plano terrenal hasta que se cumpla su cometido o se vea solucionado el pendiente que lo ata en nuestra dimensión. Durante todo ese tiempo el espíritu acumula la fuerza necesaria para manifestar su presencia a los seres vivos, en especial a los humanos, quienes contamos con poca percepción extrasensorial.

Algunos animales, entre ellos los perros y los gatos, por mencionar los más comunes, tienen un poder innato para percibir la energía de aquellos que no han podido trascender hacia su morada espiritual. Prueba de ello son los ladridos y maullidos de desesperación que se combinan con muestras de agresividad hacia lugares vacíos, donde físicamente no hay persona alguna, ni otro animal que los inquiete.

Estos animales son capaces de seguir con la mirada el rumbo que llevan las almas que rondan a nuestro alrededor; de hecho, su percepción es tan aguda que, se dice, pueden oler un alma a varios cientos de metros de distancia. Los perros son animales tan nobles y de sentidos tan desarrollados, que después de la muerte de su amo son capaces de seguirle durante días, meses, años o hasta que la muerte los sorprenda también a ellos. Esto explica muchos casos en los que un animal doméstico escapa de su hogar una vez que su propietario ha muerto.

Las aves tienen una peculiar manera de demostrar que están en presencia de un ser descarnado, perdiendo muchas veces la vida en su desesperación por abandonar la jaula que los retiene. Otros animales pequeños también muestran facultades extrasensoriales, tal es el caso de los peces domésticos, los cuales saltan fuera del agua ante la presencia de un ente, causándose con ello la muerte.

Retomando la percepción humana, hemos de decir que al nacer está intacta, pues somos altamente receptivos y tenemos la capacidad de ver y escuchar cosas que para muchas personas no son visibles. Lamentablemente estas capacidades se van mermando con el crecimiento y con la adquisición de prejuicios y otras barreras.

Muy pocas personas conservan esa capacidad a la que muchas veces hemos llamado "sexto sentido", por lo cual es extraño que escuchemos historias de individuos que han podido constatar la existencia de los espíritus en este mundo; por esta misma razón desacreditamos la capacidad intelectual de quien refiere haber tenido una experiencia paranormal, pues consideramos mentira todo lo que se desarrolla más allá del limitado círculo de nuestro entendimiento.

Nosotros los alimentamos

Los espíritus carecen de la energía necesaria para manifestarse ante nuestros ojos o nuestros oídos, por lo que su único método para hacerse presentes es adquirir la energía de los seres vivos que hay a su alrededor. Esta energía proviene de seres indefensos, como niños pequeños y ancianos, quienes prácticamente están a merced de ellos.

Para los espíritus, los niños y los ancianos son presas fáciles, pues se asustan rápidamente e irradian una enorme cantidad de energía, además, en la mayoría de las ocasiones se les resta veracidad a sus palabras y se les niega la ayuda necesaria para mantenerlos a salvo. Para proteger a los indefensos, la magia tiene varias opciones, pero la más sencilla y efectiva consiste en colocarles una pulsera roja, complementada con un colorín u ojo de venado, que son excelentes resguardos energéticos.

Los espíritus también pueden alimentar su sed de energía con miedo y desesperación; por eso, ante la presencia de un fenómeno paranormal —una presencia espiritual o fantasma— debemos conservar la calma en todo momento, mantener la tranquilidad en la mente pero también en el corazón y no dar ninguna muestra de temor o asombro, pues de ese modo se vierte energía hacia el ambiente, lo cual los fortalece y hace más prolongado dicho fenómeno.

Entre los maestros esotéricos se comenta la posibilidad de que el llanto de los deudos también sea una manera de proveer energía a un espíritu, por eso se aconseja buscar el pronto consuelo y la resignación, aunque sabemos que ninguno llegará fácilmente, pero hay que saber aceptar los designios del Creador.

No obstante, algunos espíritus llegan a obtener energía de la misma morada donde vivieron cuando aún poseían un cuerpo, esto es factible si su agonía fue prolongada y, más aún, si estuvieron conscientes de que la muerte los acechaba y lo único incierto en su destino era la fecha del desenlace.

Ruidos extraños

La forma más común en que las almas atrapadas en nuestro plano existencial se manifiestan son los ruidos. Un alma que no conoce su capacidad para acumular energía y hacerse presente tendrá pequeñas manifestaciones con una fuerza casi imperceptible, casi siempre mediante ruidos que no podemos atribuir a una fuente natural, pero que por su ligereza no nos causan mayor inquietud; estos ruidos pueden ser desde un pequeño susurro, un chasquido, un silbido, un aplauso o un ligero golpe en algún objeto.

Los pasos y los sonidos persistentes

Otra característica que hace evidente la presencia de un ente es la manifestación de los sonidos; cuando éstos se incrementan y se hacen cada vez más extraños, constantes o persistentes es que el alma está cobrando fuerza; puede ser que ese empuje provenga de su propio enojo, de su amor o de su felicidad. Así, cuando un ruido adquiere estas connotaciones seguramente pertenece a un ente descarnado, entonces es tiempo de buscar una solución y ayudarle a que encuentre la luz; de lo contrario, puede ser víctima de demonios o seres de bajo astral que lo esclavicen e involucren en acciones llenas de maldad.

Un ejemplo característico de los ruidos que producen este tipo de almas, las cuales se van haciendo conscientes de su poder, son los pasos que se escuchan en las habitaciones vacías; igualmente el ruido de monedas o canicas que caen, que son muy típicos y no requieren demasiada fuerza.

Estruendos y cosas que se rompen

Entre los ruidos más característicos de un alma en pena y que tienen una fuerza considerable están los estallidos de vidrios sin causa aparente, es decir, sólo percibimos el sonido sin que algún cristal se haya quebrado, así como los ruidos de puertas que abren y cierran o son azotadas, aunque todas ellas permanezcan inmóviles. Sin embargo, los ruidos de cadenas que se escuchan en algunas construcciones viejas, y que también son atribuidos a espíritus, en realidad es más fácil que correspondan a un demonio de muy bajo rango.

En consecuencia, un espíritu que ya tiene el poder para hacerse presente, usará toda su fuerza durante cada manifestación, por lo que el lapso que pasa entre una y otra nos puede servir como señal para saber cuán poderoso es ese ente, además, lo delatará el tiempo que tarda en recuperarse. En cambio, si los ruidos se escuchan muy seguido, es posible que estemos ante un alma muy atormentada que pudiera tener una expresión visual.

Las palabras de los muertos

Las voces y gritos también pueden ser la manifestación previa a la materialización del espíritu; por ejemplo, en las casas abandonadas donde ha muerto alguien, regularmente por asesinato, es posible que se escuche el llanto de una persona sin que nuestro oído sea capaz de determinar la fuente o lugar de donde proviene ese sonido, lo mismo pasa con las voces que dejan en claro un deseo o advertencia, pero no se pueden adjudicar a ninguno de los presentes.

Dentro de esta división se encuentran los gritos que se escuchan desde la lejanía, pero que no cesan incluso al cerrar puertas o ventanas, como sucedería con un ruido normal. Algunas personas aseguran que esos gritos se van acercando poco a poco y culminan justo detrás de ellas. Se puede decir que esto regularmente sucede cuando el difunto tenía una cuenta pendiente con la persona que escucha los lamentos.

Los gritos de terror de una pequeña

Durante los años que tengo de ejercer la brujería he presenciado casos realmente extraños, como aquel en que fui citada por tres hermanas ancianas que vivían por el rumbo de la colonia Morelos. Ellas acudieron a mí en busca de respuestas a los fenómenos que tenían lugar en su casa; entre ellos, los escalofriantes gritos de auxilio de una niña pequeña que rogaba por ver a su abuela.

Recuerdo bien que una tarde asistí a ese domicilio con la firme intención de pasar ahí la noche para poder reconocer lo que estaba sucediendo. Cuando llegué eran aproximadamente las seis de la tarde y, tan pronto oscureció, fui testigo de una serie de gritos y lamentos que parecían salir de atrás de un antiguo refrigerador. Las dueñas de la casa me mostraron que detrás de éste no había nada, pues cuando mucho existían diez centímetros entre el mueble y la pared, y del otro lado de la barda sólo había un pequeño jardín con algunos alcatraces sembrados; además, por si esto fuera poco, en las casas vecinas no vivía ningún niño desde hacía varios años.

Finalmente acepté que los gritos pertenecían a una manifestación espiritual, por lo que me di a la tarea de contactar con ese ente para ayudarle a buscar la luz. En esa ocasión me valí del trance que se consigue orando en forma profunda y concentrada; fue entonces que mis sentidos se abrieron, pude percibir a una niña no mayor de ocho años que me dijo que estaba ahí en busca de su abuela, que quería verla para despedirse porque estaba segura de que su partida le dolería mucho. Éstas fueron más o menos sus palabras: "Ayúdame, ándale, tráeme a mi abuelita, dile que estoy aquí y que la quiero mucho, que ya no llore, yo sé que está aquí porque están las flores que siempre lleva a mi tumba". En ese momento salí del trance y comenté lo sucedido con las tres ancianas. Sin embargo, las tres coincidieron en no tener nietos, pues ninguna se había casado porque vivieron bajo el régimen de un padre muy estricto, quien nunca les permitió la libertad necesaria para conocer muchachos cuando estaban en edad casadera; de hecho, cuando su padre murió, ellas habían jurado permanecer juntas y solteras hasta el final de sus días, pues además tenían un muy mal concepto de los hombres.

Después de conocer esta historia me propuse contactar de nuevo con esa energía, la cual permanecía en tan terrible angustia. Tres días después lo conseguí: tuve la oportunidad de preguntarle su nombre, el de su madre, su padre y el de su abuela; la niña respondió y aceptó mi explicación de que ahí no los iba a encontrar, que las flores eran simplemente una casualidad y que su destino estaba al lado de Nuestro Señor; además, le pedí que me diera un recado y yo personalmente lo depositaría sobre su tumba, si es que sabía dónde se hallaba, para que así pudieran encontrarlo sus familiares.

Entonces la niña me relató algunas características de su última morada y de las cosas que la rodeaban; con esta descripción pude definir que se encontraba en un panteón ubicado en Iztapalapa, del que no puedo dar más detalles. Así fue como llevé hasta su tumba una hoja donde decía: "Yo también te extraño, te espero allá arriba; ya no llores, abuelita". Cumplí con lo prometido, dejé la hoja y me retiré. A partir de ese día nunca más se volvieron a escuchar los lamentos de la niña ni ocurrieron travesuras en esa casa; las tres mujeres pudieron vivir tranquilas desde ese momento, aunque después de oír la explicación de los aterradores gritos decidieron arrancar de tajo los alcatraces que eran su orgullo.

Las cosas que se mueven solas

Cuando un espíritu ha vagado durante mucho tiempo y se ha adueñado de la energía suficiente para interactuar con objetos materiales, es común que sucedan acontecimientos que podríamos denominar curiosos, principalmente se notará que las cosas de uso común cambian de lugar o aparecen escondidas sin explicación alguna. El movimiento de las cosas, por lo general, se presenta cuando están fuera de la vista al menos por un instante; este fenómeno sólo sirve para manifestar el poder que ese espíritu ha adquirido, pues raramente tienen la intención de asustar.

En estos casos, cuando las cosas se mueven ante la presencia y la mirada de una o más personas, podemos asegurar que se trata de un espíritu atormentado, que quizá ya sea presa del influjo de demonios que lo obligan a desplegar su energía causando terror entre los presentes, pues, como ya lo hemos dicho antes, la energía que se emana por medio de nuestro miedo los hace más fuertes.

No obstante, pudiera pensarse que los espíritus mueven las cosas para jugar pequeñas bromas, para divertirse con los conflictos y confusiones que ocasionan, pero no es así, lo que sucede es que la mayoría de ellos no domina por completo la energía que proyectan y no tienen un control total sobre su interacción con los objetos pertenecientes a nuestro plano existencial; simplemente, el movimiento de las cosas nos muestra que esa alma está penando, que va cobrando fuerza y que necesita proyectarla de alguna manera.

Estudiosos de los fenómenos paranormales han denominado a este tipo de casos como *Poltergeist*, palabra de origen alemán que sirve para definir los ruidos y movimientos atribuidos a un ente descarnado. Este término se hizo famoso con la aparición de diversas películas que tuvieron éxito durante la década de los años ochenta, con lo que en una nueva generación se suscitó un gran interés en el espiritismo. Pero esta nueva ola de estudiosos del fenómeno, a diferencia de generaciones del pasado, contaba con los avances de la tecnología para llevar a cabo sus experimentos y recopilar testimonios de los casos paranormales.

Contrario a lo que podríamos suponer de este grupo de investigadores, pocos lograron destacar y la gran mayoría quedaron —víctimas de sus propias trampas— en el olvido o, peor aún, en el descrédito, siendo considerados simples especialistas en efectos especiales, que se valían de su escaso conocimiento para extorsionar a algunas personas que solicitaban su ayuda en busca de respuestas.

Después de este breve paréntesis, debemos decir que el estudio del espiritismo siempre ha sido causa de polémica; sin embargo, si tú realmente estás interesado, debes de usar el sentido común y la intuición para distinguir un verdadero caso de un montaje, pues quien busca aprovecharse de este tipo de manifestaciones, por lo regular dejará salir sus aspiraciones económicas mucho antes de mostrar sus dotes o sensibilidad paranormal.

Aún nos resta agregar acerca de este tema, del movimiento de los objetos, que no siempre serán movimientos bruscos o muy notorios, pues a veces la energía es tan sutil que simplemente conseguirá que el artículo en cuestión tiemble un poco o se deslice sólo unos centímetros. Al respecto, existe un ejercicio básico que se puede poner en práctica si hay sospechas o se quiere comprobar la existencia de un ente en alguna edificación. Antes que nada, habrá de conseguirse un vaso de cristal cilíndrico que no tenga caras facetadas; dentro de él se depositará agua hasta la mitad, después se agregará una pizca de sal y se pondrá dentro una cuchara de metal.

En caso de que un espíritu quisiera manifestarse, entonces la cuchara temblaría ligeramente, haciendo un ruido característico contra el filo del vaso. Hay que tener cuidado y controlar muy bien el ambiente para no ser víctimas de nuestro propio deseo por presenciar un fenómeno sobrenatural, por lo que se debe descartar que el ruido sea ocasionado por un movimiento brusco alrededor del vaso o por el paso de un vehículo pesado en los alrededores de la casa. La sal se usa porque es un elemento sagrado que, según los grandes maestros esotéricos, tiene la capacidad de captar la energía proveniente de los espíritus; el agua y la cuchara son sólo el complemento ideal para conseguir un tintineo claro y perceptible.

Espíritus que irradian aromas

Es poco probable que el alma de un muerto se manifieste a través de aromas, esto sólo llega a pasar cuando en vida la persona tuvo cierta fijación hacia un olor muy específico —por mencionar alguno, el perfume de rosas o la fragancia de las gardenias—; en ese caso, es posible que ante la presencia de ese espíritu se pueda percibir un muy ligero aroma similar al de esas flores y también es posible que el fenómeno se presente a la inversa, que sea el aroma de las flores el que atraiga al espíritu.

Cuando los olores que inundan el ambiente son nauseabundos y hacen que todo el entorno se vuelva pesado y la energía tan espesa que casi es posible tocarla, es casi seguro que estamos frente a una presencia maligna o de muy bajo astral; también pudiera tratarse de un demonio que se ha alojado en ese domicilio o que está persiguiendo a alguna de las personas que ahí viven; si así fuera, se percibiría un olor a podrido muy marcado, o a azufre si se tratase de un demonio de mayor categoría.

Sin embargo, los ángeles también se hacen presentes mediante aromas florales, pero son totalmente diferentes en esencia, energía e intención que los espíritus de los muertos, por lo que el afortunado perceptor de una presencia angelical no tendrá lugar a dudas, ya que es prácticamente imposible confundir las manifestaciones.

Los muertos que escriben

Aunque suene imposible, este fenómeno se da a través de un espiritista, puesto que algunos han ejercitado su mente y su alma para dar cabida a un espíritu ajeno dentro de su cuerpo —lo que llamamos normalmente una posesión controlada—; la posesión se lleva a cabo cuando el alma de un muerto se apodera del cuerpo de una persona viva por medio de una invitación de esta última.

Cuando esta persona permite que un espíritu gobierne su complemento material, entonces el muerto tendrá la posibilidad de hablar e incluso escribir valiéndose de la herramienta que le ha sido prestada. En las sesiones espiritistas es muy común ver este tipo de ejercicios, donde alguien —con previa autorización— entra en trance y empieza a escribir de manera desordenada e incluso muchas veces en idiomas desconocidos. Al término de la sesión es posible leer lo que el médium ha escrito, lo que permite descubrir secretos que sólo el muerto conocía y que los pone de manifiesto porque eran una carga que le impedía abandonar este plano terrenal.

Médiums reconocidos internacionalmente aseguran que durante sus ejercicios parapsicológicos han logrado traspasar la barrera que nos divide entre el mundo de los muertos y el nuestro, y han conseguido contactar a personajes ilustres que les dictan obras completas, poemas, canciones, novelas y hasta instrucciones muy precisas sobre inventos y creaciones arquitectónicas. En este sentido, un brasileño es quien se ostenta como el médium que utilizan los grandes autores para completar su obra, su nombre es Francisco Cándido "chico" Xavier y, por supuesto, es imposible referirnos a la escritura automática sin hablar de él, pues asegura que cuatrocientos autores reconocidos le han hecho llegar obras póstumas por medio de sus sesiones espiritistas.

La tecnología para contactar con los muertos

Con el paso de los años y los avances de la ciencia y la tecnología, éstos han ocupado un lugar importante en los intentos de comunicación con los seres del más allá. Muestra de ello son las grabadoras y micrófonos ultrasensibles que se utilizan para llevar a cabo las psicofonías, que son grabaciones en las cuales se deja un dictáfono o cualquier otro aparato en una habitación sola, donde se sospecha o se ha podido comprobar que existe una entidad espiritual. La máquina registra algunos ruidos ambientales, pero también es muy posible que, si su sensibilidad es la correcta, lleguen a quedar plasmadas algunas voces y revelaciones escalofriantes.

La psicofonía no es un invento reciente, se sabe que tuvo su origen alrededor de 1959, cuando un naturalista, que realizaba un documental sobre aves en los bosques de Estocolmo, dejó su magnetofón encendido para grabar el trino de un espécimen especialmente interesante. Al volver a la mañana siguiente, se sintió satisfecho al reconocer el trino característico que esperaba encontrar; sin embargo, también notó que en su grabación se escuchaban voces humanas que parecían provenir de muy lejos.

Decepcionado por lo que consideró una interrupción del documental, repitió el experimento, aunque para ello se cercioró de que el bosque estuviera completamente vacío y de que no habría nadie que pudiera emitir su voz dentro del rango del aparato; no obstante, al revisar la cinta nuevamente notó que se repetían las voces, con lo que constató no sólo que se trataba de personas, sino además muertas, pues pudo reconocer la voz de su propia madre. Así fue como Friedrich Jürgenson emprendió el experimento que consistió en captar voces provenientes del más allá con ayuda de medios magnéticos.

Los estudiosos de estos fenómenos han agregado otros aparatos en la búsqueda de fantasmas y espíritus, entre ellos el detector de campos electromagnéticos, que registran las pequeñas variaciones magnéticas que ocurren a corta distancia a causa de la estática y que acompaña a estos entes; el termómetro digital también se sumó al equipo indispensable para la detección de fantasmas, pues se sugiere que la temperatura bajará varios grados ante la presencia del alma de un muerto.

En la actualidad no es raro que también se utilicen cámaras de circuito cerrado, cámaras térmicas y demás inventos modernos que, si bien pueden facilitar el trabajo de los buscadores de fantasmas, a los espiritistas no les parecen tan adecuados, pues en su opinión alteran el vínculo que se produce entre el muerto y el médium o, en su defecto, distorsionan el modo en que los espíritus se hacen presentes.

CAPÍTULO
V
¿CUÁLES SON SUS MENSAJES?

Los mensajes de los muertos pueden ser de toda índole, no siempre tienen que ser aterradores, frustrantes o maléficos; a veces pueden tratarse de un simple saludo o una despedida, un mensaje de amor o una encomienda para alguno de sus familiares. Cuando contactamos con un espíritu no debemos estar predispuestos a una tragedia o un caso espectacularmente horroroso; estos casos se han hecho famosos y parecieran ser la regla, pero lo que simplemente ocurre es que las personas disfrutan divulgando historias morbosas y sorprendentes, por lo que los casos comunes pocas veces son escuchados.

Un muerto puede regresar al plano terrenal para advertir a un familiar, pero no es que ellos conozcan el futuro, simplemente notan que las acciones de su ser querido inequívocamente le guiarán hasta el sufrimiento o la decepción, pudiéndole ocasionar problemas incluso legales. No podemos asumir de ninguna manera que los muertos tienen el poder de ver más allá de lo que ha sucedido.

Una idea equivocada, y que ha causado que los vivos atormentemos el alma de los que se han ido, es aquella que nos dice que al trascender a un plano espiritual más elevado estas almas pueden descubrir secretos e influir sobre los resultados de cosas tan banales como los juegos de azar. Muchos son los que se han aventurado en sesiones espiritistas con este fin, pues tienen la convicción de que un ser del más allá les dirá el número ganador de la lotería o les dará un *tip* para apostar en las carreras de caballos.

No podemos ser tan egoístas y creer que ellos regresarán única y exclusivamente para procurarnos el bien de la manera en que nosotros lo deseamos, ni tampoco albergar la ridícula idea de que regresarán para servirnos y cumplir nuestros deseos; debemos recordar que su energía en esencia sigue siendo la misma que cuando vivieron, con la diferencia de que ahora no están atados a las leyes de la física, pero tampoco se han convertido en guardianes de los secretos milenarios que encierran la riqueza.

No cabe duda de que los muertos conservan sus sentimientos y pueden sentir amor, odio, simpatía o sed de venganza por las personas que trataron cuando pertenecían a este plano; entonces, no es raro que un ánima se presente para brindar una caricia o un mensaje tierno a los seres que quiso, pero tampoco es extraño que descarguen cierta energía o hagan la vida difícil de aquellos que los torturaron o los humillaron en vida.

La realidad de las cosas es que entre los muertos, al igual que entre los vivos, existen energías buenas y malas, afinidades y apatías. Sólo aquellos que al morir logran elevar su espíritu y colocarse más cerca de Dios serán puramente bondadosos, pero en ese caso es prácticamente imposible que regresen a este mundo; en cambio, quienes regresan o permanecen aquí, seguramente conservarán las virtudes pero también los defectos que tuvieron cuando estaban con vida.

El mensaje de la gota de agua

Hace dos o tres años tuve la oportunidad de visitar a una pareja de recién casados, quienes vivían atormentados porque por las noches escuchaban claramente una gota de agua que caía justo detrás de su cabecera. Ellos hicieron lo posible, pues antes de acudir a mí buscaron ayuda con plomeros, albañiles, arquitectos y otros expertos de la construcción sin que nadie pudiera ayudarles, sólo hasta que su trabajadora doméstica les sugirió que pudiera tratarse de un alma en pena buscaron otro tipo de ayuda.

Los dos incrédulos muchachos vinieron a verme y me contaron su problema. Al principio también dudé de su historia; sin embargo, me propuse pasar ahí una noche para, en su caso, contactar al espíritu que se empeñaba en robarles el sueño.

Efectivamente, durante la noche pude comunicarme con el alma; era la de un anciano que se mostraba furioso, disgustado y decepcionado por su bisnieta, quien era la recién casada. Después de algunas preguntas pude saber que él la hizo heredera de una cantidad de dinero, nada despreciable, con la única condición de que al morir fuera enterrado en un panteón en su tierra natal, muy cerca de Tamaulipas. Así, la bisnieta, al verse favorecida con esa cantidad económica, prometió que se encargaría de todos los trámites para cumplir con su voluntad.

Sobra decir que en cuanto recibió el dinero la muchacha se olvidó del tema y permitió que otros familiares dispusieran del cuerpo y lo cremaran, pues les pareció más cómodo transportar así los restos. El espíritu también me manifestó que después de algunos meses la urna donde se encontraban sus restos fue abandonada dentro de un clóset, junto a un baño, donde todas las noches se escuchaba el incansable tic tac de una gotera. Por esa razón, ante la promesa incumplida, él estaba dispuesto a que su bisnieta sufriera en carne propia la desgracia por la que él sufría.

Hablé con ambos jóvenes y les expliqué el motivo por el cual se presentaba ese fenómeno en su casa. La muchacha sufrió una crisis nerviosa, pues no podía creer que yo conociera esos detalles, los cuales ella misma ya había olvidado. Cuando estuvo más tranquila, la convencí de que llevara a cabo una ceremonia en la que se congratularía con su bisabuelo y le manifestaría el deseo de cumplir su última voluntad para que él alcanzara la luz eterna.

Dos días más tarde, por paquetería me hicieron llegar las cenizas del susodicho; hicimos un pequeño ritual en el que el espíritu pidió que sus restos se quedaran dentro de ese domicilio —el departamento de los jóvenes—, pues tenía miedo a la soledad (algo que pasa habitualmente). Los muchachos accedieron y con rezos, luz de velas y algunos otros ingredientes mágicos conseguimos que en doce días el espíritu se trasladara a su morada final en el más allá. Los restos ahora descansan en una urna bajo un nicho especial que se construyó en ese departamento. La gotera jamás volvió a escucharse y la joven conserva el sentimiento de que alguien la acompaña aun cuando está sola; está segura de que es su bisabuelo quien siempre vela por ella.

Esta experiencia viene al caso, pues debemos estar conscientes de que una promesa hecha en el lecho de muerte debe cumplirse, ya que fácilmente puede convertirse en el pretexto ideal para atormentar el alma de un muerto y la de muchos vivos.

CAPÍTULO VI

¿POR QUÉ NO TODOS LOS PODEMOS VER?

Ésta es una pregunta frecuente, pero si bien, el ver a los muertos pudiera considerarse un don, quienes lo poseen lo consideran más una maldición o una carga con la que tienen que vivir de manera irremediable; sin embargo, aquellos que no lo poseen —quizá entre ellos estés tú— lo desean y tienen curiosidad de poder percibir un fenómeno paranormal, como pudiera ser la aparición de un fantasma, escuchar ruidos, percibir aromas de ultratumba o cualquier otra manifestación que les ayude a sentirse especiales.

¿Cuál es la razón por la que no todos podemos ver a los espítitus? La explicación no es sencilla, pero se relaciona con la pureza de nuestros sentimientos, la sinceridad de nuestras palabras y la congruencia entre nuestros pensamientos y acciones. Quien logra pensar claramente y guía su vida con rectitud, debe considerarse una persona especial, digna de los dones más apreciados o más extraños.

Así pues, alguien que puede ver a los muertos de manera regular está dotado de una fina percepción, la cual sólo se consigue con la limpieza de las vibraciones emanadas desde nuestro corazón. Los brujos y maestros esotéricos pueden ver a los muertos mediante algunos ritos y con la utilización de ingredientes tan raros y poderosos como la mandrágora. Incluso, algunos afirman que el ajenjo es una bebida ligada con la visión de los muertos y, por tanto, la usan para llevar a cabo ceremonias.

Lo cierto es que la mayoría de nosotros debe conformarse con percibirlos durante algunos segundos, pues nuestros dones y nuestros secretos místicos dan como resultado esta comunicación sólo por unas horas; mientras que quien posee el don de manera natural, está "condenado" a ver a los descarnados cuando aún rondan por este mundo, le guste o no, pues no pueden renunciar a esa cualidad.

Los espiritistas que dedican su vida a buscar la manera de entablar comunicación con los muertos llegan a perfeccionar sus técnicas de concentración, lo cual les permite captar espíritus a su gusto y, mejor aún, no se ven forzados a mantener siempre un canal de comunicación abierta, por lo regular se valen de este recurso únicamente cuando están llevando a cabo sus investigaciones, pero para conseguirlo realizan exhaustivas jornadas en las que practican incluso algunos sacrificios, como el ayuno, para incrementar su poder espiritual y perceptivo.

Es importante recordar que aunque sea posible ver a los muertos, también hay que contar con la colaboración de ellos, pues si gustan pasar inadvertidos y han encontrado diversión en hacer sufrir a una familia o a ciertas personas mediante sus apariciones, entonces seguirán por ese camino, sin permitir que nuestros ojos los capten, pero convenciéndonos día a día de que nos acompañan en este mundo.

Por tanto, debemos ser precavidos al buscar la posibilidad de ver o contactar con los muertos, ya que no es algo para lo que todos estemos preparados; además del don, es necesario contar con una gran madurez espiritual y psicológica. Nuestro espíritu debe tener la suficiente fuerza para resistir los embates de esta energía que, en ocasiones, puede ser benéfica, pero en muchas otras disfrutará extrayendo de nosotros el poder sublime que le ayude a manifestarse.

Además, psicológicamente debemos ser fuertes, porque la mente nos puede jugar muy malas pasadas. Es posible que nos perdamos entre la realidad y la ficción generada por un espíritu al manifestarse, ya que ellos pueden alterar nuestro estado de conciencia y elementos tales como el clima, el tiempo, la gravedad, etcétera. Si no estamos preparados para notar cómo se desvanecen las leyes que fundamentan nuestro plano existencial, podemos caer víctimas de una psicosis pasajera o permanente que nos lleve a la locura total y quizá hasta la muerte ocasionada por un infarto, que llega después de sufrir un susto muy fuerte.

La comunicación con los muertos no es una práctica interesante o sana para toda la gente, pues quien desea descubrir ese mundo es porque muy adentro de su ser se siente capaz de conseguirlo, aunque regularmente no lo sea. Siempre hay que contar con la ayuda de un maestro experimentado o un espiritista que sirva como guía, al menos durante las primeras sesiones, mientras descubrimos nuestro verdadero poder y conocemos los secretos de la comunicación paranormal.

CAPÍTULO VII

¿CÓMO DISTINGUIR A UN ESPÍRITU DE OTROS ENTES?

Quiero comenzar este capítulo recordándote que compartimos nuestro plano existencial con una amplia variedad de seres etéreos, es decir, que no tienen un cuerpo material y que no por eso son menos importantes que nosotros o podemos negar su existencia. Además de los seres con los que compartimos nuestra dimensión, existen algunos capaces de brincar entre un plano y otro, por lo que ocasionalmente pueden ocurrir encuentros con ellos. Así, en este capítulo te diré cómo distinguir el espíritu de un muerto de todos los demás seres que nos acompañan.

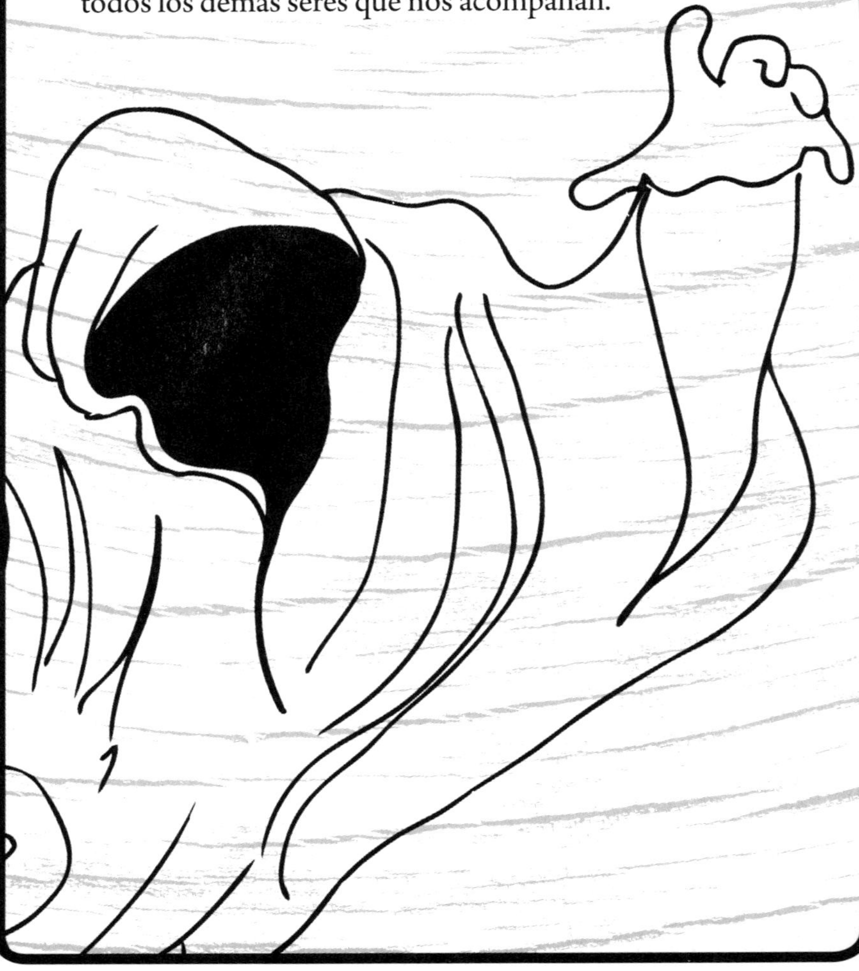

Las características del alma de un muerto

Es necesario tomar en consideración que el espíritu de un muerto se esforzará para que cuando se materialice lo haga de una forma que nos resulte familiar y así lo podamos reconocer; es decir, lo veremos como una sombra o como una especie de neblina que conserva ciertos rasgos del cuerpo que le acompañó en vida, incluso de la ropa que acostumbraba vestir o su voz será similar a la que siempre tuvo.

Cuando nos enfrentamos ante un espíritu podremos notar que su presencia provoca que el clima se vuelva frío, la energía se vuelve densa o pesada, pero jamás producirá un aroma azufroso o podrido. Es característica del alma de los muertos permanecer aun en presencia de la luz blanca, de la flama de una vela del mismo color y del agua bendita o el signo de la cruz.

Los espíritus no huyen del aroma del incienso, incluso pudieran sentirse atraídos hacia el humo del copal. Tampoco resulta raro que se manifiesten cuando están en presencia de un objeto, platillo, bebida u olor que les gustaba mucho cuando tuvieron vida.

Finalmente, un espíritu puede desaparecer ante una oración, pero lo hará de una manera sutil, desvaneciéndose poco a poco mientras el ambiente regresa a la tranquilidad. La llegada de un espíritu por lo regular no es estruendosa, puede venir acompañada de lamentos o voces, mas nunca de palabras en otros idiomas o dialectos, tampoco rodeados de fuego ni tendrán la fuerza para causar el sonido de un trueno o de un rayo.

Los demonios

Los aliados de Lucifer quizá sean los compañeros mas abundantes en este plano terrenal, pues las huestes infernales son muy nutridas y siempre se encuentran activas, procurando que los humanos caigamos en la maldad y en la tentación de los pecados capitales. Éstos tienen un aroma muy característico que los acompaña y los delata cuando se han instalado en un hogar, pues huele claramente a podrido o a azufre.

Sin embargo, siempre existen formas de alejarlos; un demonio huirá o quedará paralizado ante la señal de la cruz, se vaporizará ante el agua bendita y de ninguna manera se hará presente donde exista la flama de una vela blanca. Los mensajes de estos seres son siempre de maldad, odio, rencor y violencia. Un demonio puede estar acompañado de un halo de fuego y ante ellos la temperatura aumenta notablemente. Pero cuando los demonios son de baja categoría, atacan en grupo para confundir aún más a las personas.

Desafortunadamente, los demonios de rangos superiores se hacen presentes en muchas ocasiones, a su llegada se puede escuchar un fuerte estruendo o vientos muy fuertes que azotan puertas y ventanas; además, son capaces de emitir voces que pueden ser escuchadas como si salieran de las catacumbas. Estos seres son despiadados y atacarán primero la vida de los más débiles, pequeñas mascotas, enfermos o criaturas pequeñas.

Entre las formas para vencerlos, la más efectiva es cuando el demonio escucha su nombre, ya que se debe rendir ante la voz de quien lo invoca, aunque esto resulta difícil, pues existen miles y miles de demonios y cada uno tiene un nombre especial. Pero existe una forma más sencilla: la prevención, ya que un demonio no puede entrar a un lugar que esté protegido por la cédula de San Ignacio de Loyola, que es un papel de carácter litúrgico que tiene una estampa del santo y una oración que mantiene a los seres malignos a raya.

Las brujas

Una bruja o brujo es un ser humano que ha conseguido un dominio especial sobre los secretos de la magia. Aun en la actualidad se sospecha que algunos de ellos llegan a tener tal dominio que son capaces de separarse de su parte material, transformándose en bolas de fuego, grandes aves negras o sombras grisáceas que avanzan en la oscuridad. Pero siempre existe un antídoto, ya que una bruja negra, que regularmente es la que tiene este tipo de poderes, no podrá invadir una casa que haya sido bendecida o aquella que, bajo la puerta, tenga enterradas unas tijeras formando una cruz. Además tienen otras debilidades, pues las brujas malignas temen al fuego, a la plata, al oro y a los ojos de venado; ellas no pueden ocultarse ni disimular su naturaleza ante los ojos de un perro o un gato, por lo que regularmente son atacadas por estos animales.

Una de las debilidades más peligrosas para una bruja es que debe regresar al lugar donde se separó de su cuerpo, o parte de él, para recuperar su forma humana y poder continuar con su vida; de lo contrario morirá, al amanecer.

Las ánimas en pena

Aunque un ánima es en esencia el espíritu de un muerto, vale la pena aclarar que éste puede transformarse en un ser que vague permanentemente entre los vivos sin poder encontrar la luz que le ayude a llegar a la morada final. Es decir, un ánima en pena es un espíritu atormentado por una muy mala acción que realizó mientras tenía vida; entonces, por designio divino deberá deambular por toda la eternidad sin encontrar el descanso de su alma.

Las ánimas en pena están ejemplificadas por la popular "Llorona" y "el Charro negro", dos espíritus que debido a las circunstancias de sus vidas tuvieron que cometer actos de suprema crueldad en contra de seres desprotegidos, por lo cual su alma nunca encontrará el descanso. Este tipo de seres se identifican fácilmente porque siempre aparecen en el mismo lugar, bajo las mismas circunstancias, haciendo público su dolor por no poder encontrar el descanso eterno.

Los duendes y chaneques

Estos seres traviesos y juguetones son de una naturaleza muy distinta a la de los seres humanos; de hecho, muchos especialistas en magia aseguran que sí poseen un cuerpo material, pero nosotros no los podemos ver porque son demasiado rápidos, se saben esconder muy bien y sólo eligen a un privilegiado en toda su vida para que los pueda ver. Por lo general, a esa persona le revelarán un secreto de bondad o abundancia y desaparecerán prácticamente al instante.

Hay que destacar que los duendes no tienen miedo al signo de la cruz, pues se sospecha que ellos, a su manera, también sirven a seres superiores; al menos así lo plantean los cultos politeístas, donde se decía que eran creados por los dioses para ayudar a los humanos. Su característica más peculiar es su pequeño tamaño, aunque cuando aparecen en nuestro plano son fáciles de distinguir, realizan travesuras muy blancas o hurtan objetos sin valor que les resultan llamativos.

Los ángeles

Estas criaturas divinas fueron concebidas por el Señor para brindar ayuda a los seres humanos; son la contraparte de los demonios, su espíritu es de una pureza inimaginable y ante su presencia el ambiente se vuelve cálido y agradable, se puede percibir incluso alguna nota de música celestial; y aunque no usan la voz para comunicarse con nosotros, podemos saber muy bien qué es lo que desean y sus mensajes llegan claros a nuestra mente.

Los ángeles aparecen cuando nuestra vida corre peligro o cuando podemos ser víctimas de la tentación y tomar una mala decisión de la que nos podemos arrepentir el resto de nuestra existencia. También se dice que un ángel guiará nuestros pasos cuando hayamos muerto, si es que merecemos trascender hacia el edén.

De manera breve hemos mencionado algunos de los seres que nos acompañan en este mundo terrenal; sin embargo, no son todos, simplemente son los más comunes, pero como habremos notado, sería muy difícil que estos últimos pudieran confundirse con el espíritu de un muerto, pues cada uno tiene características que los hacen especiales.

CAPÍTULO VIII

CASOS Y EXPERIENCIAS REALES

En este capítulo describiré las experiencias más particulares que he vivido durante mi camino a través de la magia y la brujería. Muchas veces he sido requerida para entablar comunicación con seres del más allá; en algunas ocasiones la gente ha recurrido a mí para que les ayude a reconocer a los seres que acechan en sus casas, otras veces la casualidad me ha llevado a encontrar personas que vivieron atormentadas por compartir su vida con el alma de un muerto, sin poder comprender su mensaje y sin ser capaces de desterrarlo o ayudarlo a encontrar el descanso eterno. Además, narraré los casos que considero más impactantes para que tú mismo los conozcas y los juzgues.

El cuarto de los crujidos

Una ocasión estaba de visita en la ciudad de Querétaro, con unos familiares que ese día recibían visitas. Al platicar con Enrique, uno de los asistentes, éste se interesó especialmente cuando le conté que practicaba la magia y el espiritismo; inmediatamente me confió que desde hacía varios años él era víctima de bromas pesadas que le jugaba un espíritu, llegando incluso a perder su matrimonio, pues su ex esposa pensaba que estaba loco.

Su relato comenzó cuando compraron una casa muy vieja a las orillas de Querétaro. Según él, desde que llegaron a ese domicilio ocurrieron cosas muy extrañas, pues los objetos desaparecían, las puertas se azotaban, las luces se prendían y apagaban, pero lo más preocupante era que en las noches él escuchaba unos lamentos y unos pasos que hacían crujir el piso de madera del cuarto contiguo a su recámara.

Entonces, le planteó sus sospechas a su esposa acerca de que en esa casa habitaba la presencia de un fantasma; pero como ella no creía en eso afirmó que todo se trataba de casualidades. Él no insistió y terminó por acostumbrarse a esos fenómenos, dejando que transcurriera un año; al cabo de ese tiempo los ruidos y todas las manifestaciones se hicieron más severas: durante las noches los crujidos los despertaban a ambos y muchas veces vieron sombras que se trasladaban entre una recámara y otra.

El colmo de la situación se presentó cierta noche, cuando Enrique dormía plácidamente y al abrir los ojos se encontró frente a frente con una aparición que tenía la forma de una mujer que llevaba puesto un vestido de época; inmediatamente despertó a su esposa y el fantasma se desvaneció, la mujer —quien ya tenía tiempo sufriendo sus alucinaciones— creyó que él estaba loco y le sugirió acudir al médico para que le recetara pastillas para dormir y ayuda psicológica. Como él no acudió, ella decidió dar por terminada la relación y a los pocos meses se divorciaron.

La intensidad de su relato me hizo interesarme por el caso, así que le pedí que me invitara una noche a su domicilio y que me permitiera acudir con algunos compañeros para realizar una sesión espiritista. Él, agradecido, me dio la cita para el siguiente viernes por la noche. Ese día llegué a la casa acompañada de tres personas: una mujer que contaba con una gran experiencia en invocaciones espiritistas, un estudiante que en muchas ocasiones me había solicitado acompañarme a un evento de este tipo y un hombre que durante algún tiempo fue religioso.

Al sonar las doce campanadas invocamos al espíritu, el cual no tardó en hacerse presente, poseyendo el cuerpo de la médium, de nombre Virginia, y a través de ella nos manifestó la siguiente historia: el espíritu de la mujer habia vivido hacia el año de 1900 y murió asesinada por su marido al enterarse que ella tenía amoríos con un hombre más joven, al cual, según nos dijo, seguía amando. A través de esta comunicación, pudimos saber que el espíritu de la mujer estaba convencido de que su marido era el hombre que ahora vivía en la casa, por eso lo atormentaba, pues tenía la seguridad de que él la había sustituido con otra mujer.

Esa misma noche llevamos a cabo una ceremonia e hicimos algunos rezos para que esa alma encontrara el descanso eterno; sin embargo, nuestra sorpresa fue enorme cuando, al empezar con las alabanzas, el piso de la recámara donde usualmente se manifestaba el espíritu prácticamente se arrancó de su lugar y todas las tablas se tronaron, como si hubieran sido arrasadas por un estallido; muchos vidrios se rompieron y un fuerte lamento se escuchó en toda la casa, mientras una rara sensación recorría nuestra columna vertebral.

La médium salió del trance y nos comunicó que el espíritu ya no se encontraba entre nosotros; finalmente había trascendido, se había ido para ocupar su lugar en el mundo de los muertos y, por tanto, podíamos tener total certeza de que jamás regresaría, y que a partir de ese momento la casa quedaría libre de cualquier manifestación.

Pasados tres meses, Enrique me llamó para darme las gracias, me dijo que, en efecto, ya no se escuchaba ningún ruido y el ambiente de la casa se sentía diferente, más cálido y acogedor. Una vez lograda su tranquilidad, logró convencer a su ex mujer para que le diera otra oportunidad y ahora estaban viviendo juntos en la misma casa, sin preocuparse de nada, pues jamás volvieron a escuchar ruidos extraños.

El espíritu del soldado

En muchas ocasiones había escuchado la historia de un soldado que deambulaba por la carretera que lleva de Veracruz a Cardel. Algunos transportistas afirmaban que por las noches habían podido ver a un militar que caminaba por la orilla de la carretera con una linterna en la mano; sin embargo, era extraño porque estaba en medio de la nada, donde sólo habían plantaciones de caña, además, al detener su vehículo para hablar con él, nunca lo encontraban y decían que la silueta se perdía en los límites de un río.

Movida por la curiosidad que nos caracteriza a todos durante la juventud, conseguí que mi maestro y otras dos personas me acompañaran a ese río, pues quería hacer contacto y ayudar para que el espíritu dejara de penar, pero entonces no sabía el error que cometía y jamás me imaginé lo que me esperaba.

Llegamos al sitio indicado una tarde y alistamos todo lo necesario para pasar ahí la noche; llevábamos lámparas de baterías, quinqués, casa de campaña, cobijas y alimentos. Muchos lugareños se sorprendieron al enterarse de que nos quedaríamos ahí toda la noche, pues estaban convencidos de que el lugar se encontraba hechizado y relataban historias acerca de las personas que pasaban por ahí de noche, las cuales se volvían locas o terminaban ahogadas en el río.

No hicimos caso y nos dispusimos para celebrar un sesión espiritista, justo a las doce de la noche; sin embargo, no habían dado las diez cuando empezamos a oír lamentos, gritos de dolor, galope de caballos y muchos otros ruidos extraños que no podíamos ubicar de dónde provenían. De repente, pudimos ver varios espectros de mujeres que parecían lavar ropa al otro lado del río y, finalmente, hizo su aparición el soldado como si flotara sobre el agua, dirigiéndose hacia un puente cercano a donde nos encontrábamos.

Empezamos a rezar y a lanzar algunos hechizos de protección para que esas almas condenadas no nos atormentaran más, pues su energía era tan densa que incluso costaba trabajo respirar. En algún momento las lámparas empezaron a parpadear y terminaron por apagarse, sólo nos iluminaba la luz de un par de quinqués que nos ayudaron para guiarnos hasta donde se encontraba un enorme garrafón con agua bendita que habíamos preparado para la ocasión. Mi maestro la regó haciendo un círculo a nuestro alrededor; además, con el petróleo que teníamos a la mano formó un círculo de unos veinte metros, lo encendió y todos nos colocamos en medio, nos rociamos con agua bendita y tratamos de avivar el fuego con algunas ramas y hojarasca que teníamos a la mano.

Ahora nos encontrábamos luchando por conservar la cordura y defendernos de esos espíritus que nos atormentaban con sus lamentos en su ir y venir sobre las aguas del río. La experiencia se tornaba tan fuerte que en cierto momento perdí la conciencia y me quedé dormida; creo que a todos los demás les pasó lo mismo. A la mañana siguiente, cuando despertamos, pudimos ver que a nuestro alrededor había muchas huellas, pero ninguna traspasaba el círculo que habíamos hecho con el petróleo y que habíamos reforzado con agua bendita.

En ese momento comprendí que debemos aceptar cuando un fenómeno está más allá de nuestras manos, ya que no podemos tomar a la ligera el encuentro con los muertos. Mi maestro regresó en otras dos ocasiones acompañado de brujos de la zona, entre todos realizaron un ritual de luz para ayudar a esas almas a encontrar su descanso eterno; sin embargo, se dieron cuenta de que, aunque muchas trascendían, había otras que no podían abandonar este plano. Estas ánimas en pena habían pertenecido a varias mujeres y un soldado que fueron acribillados por la espalda cuando lavaban en el río y tuvieron la mala suerte de quedar en el camino de unos forajidos.

En esa ceremonia, los brujos y mi maestro se enteraron de que las mujeres habían sido ultrajadas, atormentadas y finalmente asesinadas a machetazos; el soldado intentó defenderlas pero los forajidos lo obligaron a ver la escena. para finalmente acabar con su vida matándolo con el golpe de una gran piedra en la cabeza. Nada se pudo hacer para ayudarlos a encontrar el camino hacia el más allá, y se dice que seguirán en ese río por toda la eternidad, pues tienen una enorme sed de venganza hacia los bandidos que truncaron su destino.

Casona en Santa María la Ribera

Desde que empecé este camino, a través de la magia he tenido innumerables contactos con espíritus y fantasmas. Pero hay uno que considero particularmente aterrador, pues ese ente tenía un poder tan grande que fue necesario derrumbar la casa y hacer varias misas para que pudiera descansar, o al menos eso es lo que se cree, porque, según relatos de la gente que actualmente vive en ese terreno, todavía se escuchan ruidos raros.

Todo comenzó cuando tuve oportunidad de visitar esta casa por invitación de una vecina que se había quedado con las llaves en ausencia de los dueños. La señora Ernestina, quien cuidaba lo poco que ahí quedaba, vigilaba para que la propiedad no fuera invadida por paracaidistas, pues los dueños habían decidido abandonarla, ya que aseguraban que la casa estaba poseída.

Nunca fue posible rentar la casa, pues no hubo alguien que pudiera pasar ahí una noche completa. Los dueños, en varias ocasiones, compraron perros para vigilar, pero todos ellos murieron bajo circunstancias muy extrañas y aterradoras: por ejemplo, brincando de la azotea hacía unas rejas filosas, desangrados por heridas que ellos mismos se causaban; incluso hubo uno que murió debido a un paro cardiaco.

Un buen día, doña Ernestina me solicitó que fuera a desterrar los espíritus que ahí habitaban, pues estaba segura de que se trataba tan sólo de entes chocarreros que disfrutaban haciendo maldades a la gente. Sin embargo, cuando llegué a la casa sentí un frío muy extraño que me recorrió e hizo que se me erizaran todos los cabellos de mi cuerpo. Pronto supe que me enfrentaba a un ente poderoso cargado de maldad, incluso pensé que se trataba de un demonio de mediana categoría, pero no fue así, estaba ante el fantasma de una persona que había sido muy atormentada, humillada y finalmente recluida en una de las habitaciones de la casa.

En esa ocasión me valí de la tabla güija y del tarot para descubrir qué era lo que sucedía ahí. Las respuestas llegaron de manera abrupta, acompañadas de malas palabras y amenazas. Ésa fue la primera vez que tuve que hacer frente sola a un ente tan fuerte. La tabla me dio respuestas con las que deduje que se trataba de un hombre que murió joven, que había tenido una discapacidad o deformidad, motivo por el cual había sido maltratado y condenado a vivir aislado. Sus padres fueron quienes le dieron ese trato tan cruel; pero no se trataba de los dueños actuales, sino de personas que vivieron ahí hacia la década de 1850, cuando la medicina no estaba tan avanzada y entonces se consideraba una vergüenza engendrar hijos con malformaciones.

Primero le pedí al espíritu que se comunicara conmigo mediante la tabla güija, pero no accedió, así que tuve que usar un sistema basado en ruidos en la puerta para obtener algunas respuestas. Le dije que me dejara saber si quería emprender su camino al más allá y su respuesta fue contundente: no. Entonces le pregunté si era un demonio y su respuesta fue una lluvia de crujidos por toda la casa; tal vez había olvidado su condición humana. De cualquier manera, estaba lista para darle luz a su alma.

Empecé por quemar las venas de algunos chiles, para alejar a los demonios y de esta manera me dejaran trabajar en paz; regué los rincones de la casa con agua bendita y leí varias veces los versículos de San Benito para que las almas alcancen el descanso eterno. De pronto, el bracero donde se quemaban los materiales empezó a arder sin control, lanzando llamas a diestra y siniestra, como si estuviera envuelto en una corriente de aire muy grande y fuerte.

Finalmente, conseguí con oraciones que las cosas regresaran a la tranquilidad, pero cuando creía que había triunfado, se desató una nueva oleada de crujidos, se rompieron los vidrios, los trastes se caían de la alacena, las lámparas de balanceaban y, de pronto, todo quedó en penumbras. Ante un inminente presentimiento abandoné la casa en ese momento, pues sentí que corría un gran peligro.

Después de algunos días regresé con una preparación especial que requiere de algunas sustancias: aguardiente, sal, azufre y alcanfor. Ésta debe regarse a las 12 de la noche de un miércoles para desterrar a los muertos; así lo hice y después de eso todo quedó en paz. Varios meses después, doña Ernestina me agradeció que le hubiera ayudado, pero que todo había sido en vano, pues la casa iba a ser demolida, ya que la habían vendido para construir unos condominios. Así que después de todo me pareció que el asunto quedaría en el olvido, pues ya no había manifestaciones y al derrumbar la casa se acababa con la posibilidad de que el fantasma siguiera ahí.

Sin embargo, algún tiempo después me enteré que los veladores y albañiles habían mandado a hacer tres misas para que los dejaran de asustar. Así que regresé e hice un par de ceremonias de destierro con elementos muy fuertes, como la limadura de plata e incienso de lágrima. Las manifestaciones se detuvieron por algún tiempo, pero después, una vez construido el edificio, doña Ernestina me hizo saber que ahora eran los inquilinos de los condominios quienes comentaban que durante las noches se oían lamentos y el ruido de alguien que baja las escaleras lentamente.

Una misteriosa "acompañante"

En Naucalpan, Estado de México, cerca del parque de Los Remedios, existe una carretera llamada la "cadena", la cual tiene dos carriles y que, aunque angosta, resulta ser muy concurrida. Aun con la gran cantidad de gente que pasa por ahí, muchos han sido testigos de un fenómeno paranormal, capaz de erizar el cabello.

Las personas que transitan regularmente por ese sitio narran que un espectro de mujer aparece de pronto dentro de algunos automóviles. El fenómeno se presenta cuando el chofer viaja solo y a altas horas de la noche; una vez que el conductor voltea a ver por el retrovisor, observa a una mujer maltrecha y ensangrentada que viaja justo en medio del asiento trasero. La impresión del chofer aumenta cuando observa que le falta la mitad del rostro, su cabeza es una maraña de pelo y sangre, sus ropas están desgarradas y su boca es negra; al menos así lo refieren quienes han vivido la experiencia.

Por lo regular, los conductores que han sufrido ese espectral momento, quedan tan sorprendidos que no alcanzan a reaccionar y en varias ocasiones se han precipitado contra otros autos o contra la barra de contención. Algunos afortunados han salvado la vida y ahora son los que relatan los hechos; pero después de esa experiencia siempre evitan ese tramo durante las noches, pues el miedo se vuelve insoportable y no pueden conducir por ahí.

En el camino hay muchas cruces que han quedado como mudos testigos de la tragedia. Los taxistas y transportistas que circulan comúnmente por ahí, aseguran que se debe dejar una veladora en ese tramo del camino, para que "la pasajera" —así denominan al ente— no los moleste. Otros cargan en su vehículo algunos crucifijos, agua bendita y amuletos, pues tienen miedo de presenciar tan horrible espectáculo, que a más de uno le ha robado la razón.

Manifestaciones espectrales que no dejan vivir en paz

En Actopan, Hidalgo, existe una casa que hace mucho tiempo fue una gran hacienda. La construcción data de la época de la Revolución, y lamentablemente el paso del tiempo y el cambio de propietarios ha ocasionado que el lugar se convirtiera en una ruina, donde ahora sólo unas cuantas paredes siguen en pie recordando la majestuosidad que alguna vez tuvo.

Los Arriaga —cambiamos el apellido de esta familia para mantener el anonimato— compraron un terreno en los alrededores de las ruinas y ahí construyeron su casa. Ellos mismos fueron quienes vinieron a verme en busca de ayuda, pues en ese sitio existían materializaciones espectrales que no les permitían vivir en paz. Los fenómenos se presentaban lo mismo de día que de noche, no había un solo momento de tranquilidad y la histeria estaba haciendo presa de ellos.

Cuando pude visitarlos noté que el pueblo era pintoresco y muy apacible; sin embargo, al entrar al terreno de los Arriaga todo cambió. Desde que crucé la cerca pude sentir un frío indescriptible pero indudablemente característico de las presencias fantasmales. Mientras estaban su sala sentí el agobio, la frustración y la tristeza que irradiaba en toda la familia. La casa era su único patrimonio y estaban preocupados, pues pensaban que la tendrían que abandonar para encontrar la paz.

La señora de la casa comenzó a relatarme que en su casa se aparecían varias "personas", pero en especial la imagen de una mujer anciana que se presentaba en la cocina, donde se oían ruidos extraños y los platos aparecían tirados sobre el piso. Esta aparición se mostraba más violenta cuando quedaban trastes sucios durante la noche, entonces se escuchaban gritos y a la mañana siguiente todos los platos aparecían quebrados.

Pero además había otras dos apariciones regulares, la de un hombre que vestía como ranchero y una mujer de ropas elegantes que, cuando se dejaban ver, aterrorizaban a los habitantes, pues entre gritos y lamentos les exigían que dejaran la casa. También se aparecían dos niñas pequeñas, una que siempre estaba jugando en el patio y otra que rondaba por la casa y a veces emitía sonidos como de animal, como si algo le doliera mucho.

En la casa sucedían cosas raras, a veces por la mañana los caballos se salían de su corral, pues "alguien" les abría la puerta y el patio amanecía regado, como si una pregunta ya lo hubiese hecho. Los focos se fundían inmediatamente después de cambiarlos. Los aparatos eléctricos tenían muchas fallas. La comida entraba en proceso descomposición muy rápido. Algunos objetos pequeños desaparecían y después los encontraban tirados junto a un árbol; en fin, la vida en ese lugar para sus habitantes era casi imposible.

El espíritu del hombre se hacía llamar Crescencio y era el más agresivo, se manifestaba a cualquier hora y en cualquier lugar se escuchaban sus pasos; además, en ocasiones, aparecía escrito en papeles: "lárguense de mi casa". El fantasma de una de las niñas estaba cargado de muy mala energía, pues a veces se atrevía a "tocar" a la niña más pequeña de la familia Arriaga, dejándole marcas en brazos y cara.

Para colmo, la señora Arriaga se encontraba embarazada y temía por su bebé, ya que siempre estaba inquieto y se movía mucho en su vientre. A pesar de que los médicos la examinaron en varias ocasiones y le dijeron que todo era normal, ella se desesperaba al llegar a su casa y se hundía en el llanto, pues presentía algo malo para su pequeño.

Todos estaban muy asustados y no sabían qué hacer, pues las manifestaciones eran cada día más frecuentes. No sabían si irse o quedarse en esa casa que con tanta ilusión habían construido. En su desesperación, llamaron a un sacerdote para que bendijera la casa, pero al parecer esto molestó a los espíritus, pues después actuaban de manera más agresiva, como enojados, como si se hubiesen alocado.

Con el conocimiento de todos los hechos, me dispuse a preparar los ingredientes con los que haría un despojo y así poder darle luz a esos espíritus para que tomaran su camino. Llevaba varias veladoras benditas, agua preparada con loción de sándalo, pastillas de alcanfor, carbón consagrado, incienso de mirra y lágrima.

Lo primero que hice fue proteger a la familia, para eso les pedí que sus hijos fueran enviados a otra casa para que pasaran allá la noche, pues no quería que se espantaran más y quedaran traumatizados, pues los niños, al ser débiles, son los más susceptibles para captar la maldad de los muertos.

Acto seguido, me preparé espiritualmente, pues ignoraba cómo me iban a recibir los espíritus, sobre todo tenía miedo por el ánima del hombre y la viejita, que eran los que más temor despertaban por ser tan agresivos. Empecé por invocar a los espíritus de luz para que me acompañaran en la misión que estaba por iniciar. Enseguida les pedí que protegieran a los señores Arriaga para que no fueran a ser poseídos por los malos espíritus.

Así empecé el despojo, me llené de luz y protecciones, regué toda la casa con agua preparada diciendo: "Los aromas son de Dios Padre Todopoderoso y Él está aquí con nosotros, yo con Dios Nuestro Señor, ¿quién contra Él?". Proseguí encendiendo una veladora en cada habitación y luego pasé por cada una de ellas llevando un brasero en el que se quemaban los inciensos; también llevaba una Biblia y una espada flamígera que ocupé para desterrar a los espíritus y solté varias palomas blancas, las cuales representaban al Espíritu Santo, que da su protección en caso de que aseche algún mal que nos quisiera perjudicar a cualquiera de los que ahí nos encontrábamos.

Después me dirigí al centro de la casa y empecé a orar: "Espíritus desconocidos, les ruego y les suplico se dignen a decirme por qué se encuentran atormentando a estas personas que aquí habitan"; en ese momento la respuesta fue inmediata, pues una a una las palomas parecían ser golpeadas contra las paredes y fueron cayendo al piso. Las puertas se abrían y se azotaban.

Esperé a que llegara la hora "definitiva", que para los brujos se presenta a las tres de la mañana. Entonces, uno de los espíritus apareció haciendo demostraciones de su enojo; nuevamente empecé a orar y les dije a todas las personas que estaban conmigo que rezaran, que no tuvieran miedo. Juntos imploramos por medio de la siguiente oración, que es muy antigua:

Invoco e imploro a los espíritus buenos, protectores de toda la humanidad, para que nos libren de todo aquello invisible e invencible y para que alejen de nuestra persona y de este lugar cualquier mal y atadura que nos quieran hacer los espíritus malignos.

Después rezamos. En ese momento, las manifestaciones estaban incontrolables y sus palabras hacia nosotros eran muy agresivas. Todas las personas que estábamos ahí empezamos a llamar a San Miguel Arcángel y oramos:

Con el poder de la espada de San Miguel Arcángel yo los llamo e invoco para que me digan el motivo por el cual permanecen en este lugar y atormentan a esta familia que nada les ha hecho, díganme el motivo de su ira; en el nombre de Cristo, Dios Todopoderoso, al cual yo pediré por ustedes.

En la habitación se sintió un aire muy frío y se escucharon unos lamentos y palabras dichas con ira, con mucha furia. Las ventanas se abrieron y entró un viento con mucha fuerza, moviendo las cortinas y tirando algunos objetos que se encontraban en una mesita. Después todo quedó en silencio; todos estábamos pasmados, viéndonos unos a otros, nos sentimos cansados, como si hubiéramos caminado toda la noche.

Los espíritus habían partido de este portal llamado vida para así seguir la luz. Me retiré a mi casa. Después de algunos meses volví a ese pueblo para visitar a la familia Arriaga, quienes me recibieron con alegría y me aseguraron que ahora todo era distinto, pues a partir del momento en que hice el despojo, todos vivían muy tranquilos y felices. Los espíritus malvados jamás se volvieron a presentar. Además, me llevaron al patio y me mostraron una capillita que habían construido y donde siempre colocaban veladoras, un vaso con agua y muchas flores blancas, para que si algún muerto regresaba, en esta capilla pudiera encontrar la luz y descansar en paz.

CAPÍTULO IX

¿CÓMO AYUDARLES A ENCONTRAR LA LUZ?

Cuando un espíritu vaga en este mundo está sumergido en un terrible sufrimiento, su energía ya no pertenece a este lugar, pero no puede encontrar la manera de ascender a otro plano, por esa razón empiezan a manifestarse. Para nosotros, los seres humanos, es una obligación ayudarles a llegar a su destino junto con el creador, lo que en la brujería se conoce como "dar luz a los muertos". Para cumplir este propósito, existen varios métodos.

Una misa

En primer lugar, debemos recurrir a la solución más común y más efectiva: dedicar una misa especial para difuntos, donde se ruega a Dios y a los ángeles para que lleven a esa alma al lugar al cual pertenece y donde encontrará el descanso eterno.

Cuando una persona muere se lleva a cabo el novenario, es decir, los rezos dedicados a ésta que ayuden a su espíritu a sentirse tranquilo y que, exactamente, a los nueve días pueda ascender hasta llegar junto a Dios. Las veladoras encendidas tienen un significado especial, pues la luz que emana de su flama sirve para señalarles el camino hacia la eternidad.

Siguiendo este mismo ritual, los pasos del difunto serán recogidos poniendo cal blanca bajo el ataúd; así su espíritu no penará y se dirigirá por el camino correcto para llegar ante la presencia divina de nuestro Creador. Esta costumbre se ha ido perdiendo con el paso del tiempo, pues hoy en día tampoco se acostumbra velar a los difuntos en su casa; sin embargo, si se desea cumplir con ella, se puede regar un poco de cal debajo de la cama que la persona usó en vida. De esa manera se tiene el mismo efecto.

El Rosario es un conjunto de oraciones muy poderosas; al hacerlas con toda devoción estamos solicitando que esa alma sea recibida en la gloria del Señor. En la antigüedad se creía que éstos servían para que un ánima permaneciera menos tiempo en el purgatorio, aunque muchas de estas costumbres han quedado en desuso y ahora los entierros o cremaciones se realizan sin mayor ceremonia, olvidando la finalidad que éstas tienen.

Otra manera de guiar al espíritu hasta su destino es mediante misas mensuales, que han de realizarse hasta que se cumpla un año del fallecimiento, así podemos asegurarnos de que esa alma no vague en esta Tierra y de que los problemas que sufrió en vida queden olvidados y obtenga el descanso eterno.

El poder de las veladoras

Éste es un ritual que se utiliza en los lugares donde haya habido una muerte violenta, y que por este motivo se empiezan a manifestar apariciones, espectros, espíritus o almas en pena; entonces, con el fin de darles luz a estas almas, se debe rezar, a las doce del día, los salmos 23 y 91, tres padrenuestros y tres avemarías. Enseguida se debe invocar la presencia de los espíritus de luz diciendo:

> Espíritus de luz, los invoco para que ayuden a quien en este lugar pena, ayúdenlo a partir y llegar ante la Divina presencia del Señor, que llegue ante Él. Ayúdenlo a perdonar y olvidar cualquier

cosa que lo ate a este mundo, que la tristeza no lo encadene y que la luz perpetua del Señor inunde esta alma y lo guíe en el camino para llegar hasta Él.

Se enciende una veladora y se dice:

Que esta antorcha ilumine su camino para que pueda llegar a los reinos del Señor.

Riega agua bendita y di:

Que esta agua bendecida por las manos de Dios atraiga la paz a este espíritu y mitigue su sed espiritual.

Se tiene la creencia de que la luz de las veladoras y las velas es la única que puede iluminar el camino de los muertos, sobre todo si son de color blanco. Estas veladoras en especial deben ser sencillas, sin inscripciones u oraciones sobre ellas, aunque en una emergencia pueden usarse éstas o las de color, con excepción de las veladoras negras.

Los aromas los guían al descanso eterno

Otro ritual recomendado es quemar incienso a las doce del día y a las doce de la noche mientras se repite en voz alta:

> Que el aroma que despide este incienso purifique este lugar y a cualquier espíritu que aquí se encuentre, para que al estar limpio y puro sea recibido en los brazos de Dios y goce del descanso eterno por siempre.

La diferencia entre los aromas para guiar a los espíritus hacia la luz y para desterrarlos se encuentra en lo agradable de éstos; por ejemplo, los olores fuertes como el chile quemado, el estoraque y el ajo son para el destierro, lo que significa sacar el espíritu sin importar a dónde vaya a dar; en cambio, los aromas suaves, cálidos y dulces servirán para ayudarles a encontrar su lugar junto a Dios.

La cruz

Una forma muy conocida para conseguir el descanso eterno de un familiar o conocido es colocar una cruz bendecida por un sacerdote en el lugar donde la persona falleció, aunque de preferencia debe estar colocada en la pared que quede frente a la puerta del sitio donde murió; esto permitirá que el espíritu recuerde que su lugar está junto a Dios y que debe abandonar este mundo. Si la muerte ocurrió en la calle, entonces la cruz se clava en un punto cercano para que surta el mismo efecto.

Recordemos que la cruz es el símbolo de Dios y nos protege contra todos los males. A los espíritus buenos no les afecta, simplemente les indica que ya no deben permanecer aquí, que es momento de partir definitivamente y esperar a que sus obras sean juzgadas y puedan acceder al paraíso o en un desafortunado caso al infierno, donde purgará sus culpas.

Oraciones para darles el descanso eterno y para que se rompan los nexos que lo atan a este mundo

Libera este espíritu, misericordioso Señor que cuidas de los vivos y los muertos; hoy estamos junto a ti para pedir por el descanso eterno de (se dice el nombre del difunto).

Te pedimos que con tu bendito amor rompas los eslabones de las cadenas que lo tienen preso en este mundo. Libéralo de cualquier atadura que no le permita partir. Bendícelo para que pronto llegue hasta Ti y goce de la gloria que le tienes prometida.

Después se reza un Rosario y, al final, todos en coro deberán decir:

Señor, que no sufra; Señor, llévalo hasta ti; Señor, permítele conocer la dicha de llegar a tu reino.

Para que el alma llegue a Dios

Al empezar a rezar la siguiente oración, se debe encender una vela blanca y sostenerla con la mano derecha:

Que la flama de esta vela blanca no se apague nunca y dé luz a (diga el nombre de la persona fallecida) para que encuentre la paz divina. Nosotros, todos los que en vida lo(a) quisimos, unimos nuestras oraciones para que Jesús extienda su mano y lo acompañe en el paso al mundo celestial.

¡Dios mío!, aunque sufrimos por su ausencia, en ti confiamos y a Ti encomendamos su alma y encarecidamente te pedimos que no permitas que su alma vague sin rumbo.

Sabemos lo bondadoso que eres y te rogamos que mandes a uno de tus mensajeros para que le indique el sendero que lo ha de llevar hasta Ti.

Para que el alma no viva en las tinieblas

Ánimas que sufren en la oscuridad, salgan, salgan ánimas en pena; que esta plegaria rompa sus cadenas, para que encuentren la luz de su camino y no sientan ninguna culpa para que dejen de de vagar entre la vida y la muerte.

Busquen la luz, siempre la luz, no caigan en las tinieblas.

Que encuentren el descanso, que olviden sus penas y que mis oraciones sean su consuelo.

Nunca los olvidaremos, siempre en nuestro corazón permanecerán y pediremos para que lleguen al lugar que todos tenemos destinados y que estén bajo la protección del ser que hoy los ha llamado.

Que su espíritu encuentre la tranquilidad en el cielo prometido.

Que así sea.

CAPÍTULO X

DESTERRARLOS: LA OTRA OPCIÓN

La información que a continuación comparto con ustedes es acerca de diferentes rituales que nos ayudarán a expulsar cualquier manifestación de seres de otro plano astral y que muchas veces se hacen presentes para causar daño.

Con el poder de San Benito y la ortiga

Material necesario:

- Un velón blanco bendito.
- Una medalla de San Benito Abad.
- Carbón.
- Un brasero chico.
- Ramas de ortiga.

Enciende el carbón sobre el brasero y coloca las ramas de ortiga en forma de cruz; cuando éstas empiecen a arder pasa el humo por cada una de las habitaciones y con voz fuerte y firme dirás:

> Espíritu negativo, espíritu maligno, yo te ordeno que te alejes y no nos causes algún mal.
>
> Aléjate de aquí, aléjate de nuestro entorno, retira tu presencia maligna de este lugar.
>
> En el nombre del adorable Adonai, en el nombre de San Miguel Arcángel, de todos los ángeles y arcángeles de la corte celestial, yo te ordeno que en este preciso momento te marches para siempre. Aléjate, aléjate y no vuelvas nunca más. Te prometo rezar para liberarte y pedir por tu descanso.

Al final, pasa el velón y la medalla por el humo. Enciende el velón y déjalo en la puerta de la casa hasta que se consuma. Colóca la medalla en la pared de modo que quede frente a la entrada.

¿Cómo sacar a los espíritus malignos?

Material necesario:

- Una veladora blanca.
- Un crucifijo.
- Un rosario.
- Una copa de aguardiente.
- Un recipiente con miel.
- Un vaso con agua natural.
- Cuatro flores blancas.
- Un vaso con agua bendita.
- Loción de sándalo.

En un recipiente mezcla el aguardiente, la miel, la loción y el agua bendita. Con esta preparación deberás rociar todos los rincones de la casa. Enciende la veladora y llévala en tu mano derecha junto con el crucifijo. Moja las flores con agua preparada y tómalas con tu mano izquierda, junto con el Rosario.

Abre la puerta de la casa y colócate como si estuvieras entrando, y gritando repite:

> Retírate, maldita presencia que has osado perturbar la tranquilidad de este lugar; abandona esta casa donde nunca has sido bien recibido. Tu presencia no es grata, pues eres un ser repulsivo que vaga en la tinieblas.
>
> Ahora te destierro, te mando al lugar de donde saliste para que ahí permanezcas eternamente.

Enseguida sacude fuertemente las flores, tíralas y písalas diciendo:

> ¡Márchate!, eres un ser repulsivo, regresa a las llamas infernales para que tu maldad sea consumida.

Apaga la veladora y guárdala junto con el crucifijo y el Rosario.

Poderoso retiro para el alma de los muertos

Material necesario:

- Una pizca de pólvora.
- Un puño de sal de grano.
- Un plato negro.
- Una pluma de gallo.

Para empezar el ritual coloca dentro del plato la sal formando un círculo, es importante que éste quede cerrado porque representa tu casa, negocio o a tu propia persona y la protección que deseas. Dentro del círculo de sal pon la pólvora, no vale la pena poner demasiada, ya que de esa manera no se incrementa el poder del ritual, bastará con lo que alcances a tomar con la punta de una cucharita.

Toma con tu mano derecha la pluma de gallo y con la izquierda enciende la pólvora con un papel o cerillo largo —este paso debe realizarse en un lugar libre de objetos inflamables, ya que la seguridad debe ser prioridad en cada ritual—. Una vez que la pólvora arda, esparce el humo con la pluma de gallo y repite:

Ánima que vagas en un mundo al que no perteneces, yo te ordeno que te largues, la pluma de gallo es poderosa y te saca de esta (casa, negocio, edificio).

Por el poder que me concede la fuerza de la flama que todo lo quema y arrasa lo negativo, te exijo que te ausentes, que dejes de atormentarnos; encuentra tu lugar en el más allá o en cualquier sitio lejos de nosotros.

El poder que manifiesto a través de este ritual se convierte en un calor intenso que te consume, no te deja estar aquí. ¡Lárgate ya¡ Yo te lo exijo, yo te lo ordeno, la llama me respalda y el poder del gallo que conoce los secretos de las ánimas.

Después de realizar este ritual vierte la sal y las cenizas en una coladera, clava la pluma del gallo en una maceta que esté cerca de la puerta. Este objeto se ha transformado en un poderoso repelente para todo tipo de entes que pudieran acechar tu tranquilidad.

Destierro para un espíritu persistente

Material necesario:

- Estoraque.
- Un ajo.
- Carbón vegetal.
- Brasero chico.
- Gis blanco.
- Ramas de pirul.

Enciende el carbón dentro del brasero, asegurándote de que no existan llamas, tan sólo brasas. Sobre el carbón ardiente vierte un puñito de estoraque, déjalo a un lado para que el aroma purifique el ambiente.

Con el gis traza una raya en la entrada de la casa, también dibuja tres cruces apuntando hacia la calle. Regresa al interior. Tira las ramas de pirul en el piso y pon encima el ajo completo, pisa estos ingredientes con el pie izquierdo y di en voz alta:

Tengo el poder para destruirte, me fue concedido porque yo sí soy de este mundo, a ti te machaco como machaco estas hierbas y este ajo. Te saco de esta casa para que nunca vuelvas a entrar en ella; no puedes robar la tranquilidad de nadie de los que aquí viven, eres inferior y yo te ordeno que te mantengas alejado.

Siente el aroma que inunda el ambiente, te desintegra y te roba la energía para que tu presencia se desvanezca y desaparezcas para siempre de este mundo terrenal.

Culmina el ritual escupiendo sobre las hierbas y el ajo; posteriormente, tira a la basura todos los ingredientes.

CAPÍTULO XI

PROTECCIONES CONTRA PRESENCIAS ESPIRITUALES

Para alejar una mala entidad, con el alma y con el espíritu se invoca a Dios Nuestro Señor, se le pide mucha protección a nuestro Creador. La fe es un elemento que automáticamente nos protege, ya que forma un círculo que nos envuelve y no permite que un espíritu o ser maligno se posesione de nosotros o de nuestro hogar.

Existen muchas maneras para resguardarnos de estos seres dañinos y a continuación les hablaré acerca de ellas.

Cruz de Caravaca

La leyenda narra que esta cruz fue encontrada por Santa Elena, pero que fue escondida porque todavía no era el momento de que los hombres supieran de su existencia, ya que ésta revelaba la manera en que habría de morir el Mesías. Es una protección muy efectiva contra los malos espíritus, y para ello la persona deberá portarla sobre su pecho.

Medalla de San Benito Abad

Esta medalla protege contra los demonios y espíritus chocarreros, nos aleja de las trampas del enemigo maligno y nos libra de hechicerías, enfermedades y desgracias. San Benito Abad vence a los demonios y bajos astrales.

En un listón blanco y bendito se ata la imagen de San Benito Abad, del Sagrado Corazón de Jesús y la de San Miguel Arcángel. Este listón se debe amarrar en la cintura.

Triángulo de Espíritu Santo

Es común ver esta protección en los espiritistas, pues mientras ellos están "trabajando" aleja a los espíritus de oscuridad que quieran interferir en su misión. También sirve como defensa ante cualquier ser del bajo astral. Se puede llevar como medalla, o poner en la puerta de nuestra casa o negocio.

Cruz de Jerusalén

Esta cruz, junto con su oración, posee un gran poder, lo que hace que los espíritus malos sientan un gran temor y terminen abandonando el lugar que pensaban dañar. Además de ser protectora, a esta cruz se le atribuyen miles de milagros alrededor del mundo.

Estrella de David

Éste es un símbolo de protección. Algunos afirman que guió a los pastores hasta el lugar donde estaba el niño Jesús, pero en la actualidad se utiliza para encaminar a los espíritus hacia la luz. También se usa para ahuyentar a los espíritus malignos y seres demoníacos, pues atrae la tranquilidad y armonía. Durante la Segunda Guerra Mundial se usó como protección espiritual.

Santo Rosario

Cuando se requiere el Rosario usar para rechazar la presencia de espíritus de oscuridad, éste debe llevarse cerca, tiene que ser de madera o metal, ya que son materiales que emiten energía y ésta es la que ayuda a rechazar cualquier ser del mal. El Rosario es una poderosa arma para vencer a los demonios.

Cruz de ocote

Ésta es una tradición muy común, para ello hay que colocar una cruz pequeña en la puerta y ventanas de la casa, lo que evitará que entren aquellos espíritus que vagan en busca de un lugar donde puedan descargar su maldad. Puedes llevar una cruz en tu bolso o en el automóvil.

Los arcángeles San Miguel, San Rafael y San Gabriel

La imagen de cualquiera de estos arcángeles repele las energías negativas, espíritus, demonios o entes de oscuridad, pues ellos dan protección contra cualquier tipo de abominación a las que estamos expuestos los seres humanos.

San Francisco de Asís

Es un santo muy milagroso que lucha contra las entidades demoniacas y cualquier espíritu de la noche. Rechaza todo aquello que pone en peligro a los hombres. Incluso, con sólo invocarlo y mencionar en voz alta su nombre saldrá huyendo cualquier ser diabólico.

Paloma blanca

Esta ave simboliza al Espíritu Santo, quien la porta en forma de dije o estampa estará protegido de todo espíritu maligno y no presenciará nunca apariciones fantasmales.

Santa Martha

Ella lleva en su mano una antorcha encendida con la cual rescata a las almas o espíritus de las tinieblas y con la luz los guía hacia otros caminos. Ahuyenta a los malos espíritus y a las legiones infernales cuando acechan a nuestra persona o nuestro hogar.

Virgen del Carmen

Es la que guía a las almas y seres espirituales hacia la luz, sacándolos del purgatorio o del infierno donde se encuentran encadenados. Quien porte su escapulario gozará de su protección contra todo ser maléfico. Atrae la luz y el equilibrio espiritual y siempre vencerá a Satán.

Tau

Esta cruz sagrada, elaborada en plata, sirve para desterrar a los malignos. La persona que la porte será protegida contra todo lo que se relaciona con la oscuridad y los descarnados.

El conocimiento que ahora posees, al culminar la lectura de este libro, será de gran utilidad si llegas a vivir la escalofriante experiencia de encontrar el alma de un muerto. Ninguno de nosotros sabemos cómo o cuándo se dará un encuentro de este tipo, aunque es muy posible que en tu vida existan varios; quizá no los notes, pues no todos ellos tienen la fuerza para hacerse presentes.

Recuerda que en el mundo convivimos con muchos seres etéreos, no todos son muertos ni todos son malos. No estamos solos, a veces algunos entes se quedan en nuestra dimensión, algunos más la visitan esporádicamente; lo cierto es que ahora tienes un conocimiento más profundo que te permitirá diferenciarlos, pues ya sabes: ¡Cuando los muertos hablan!

ÍNDICE

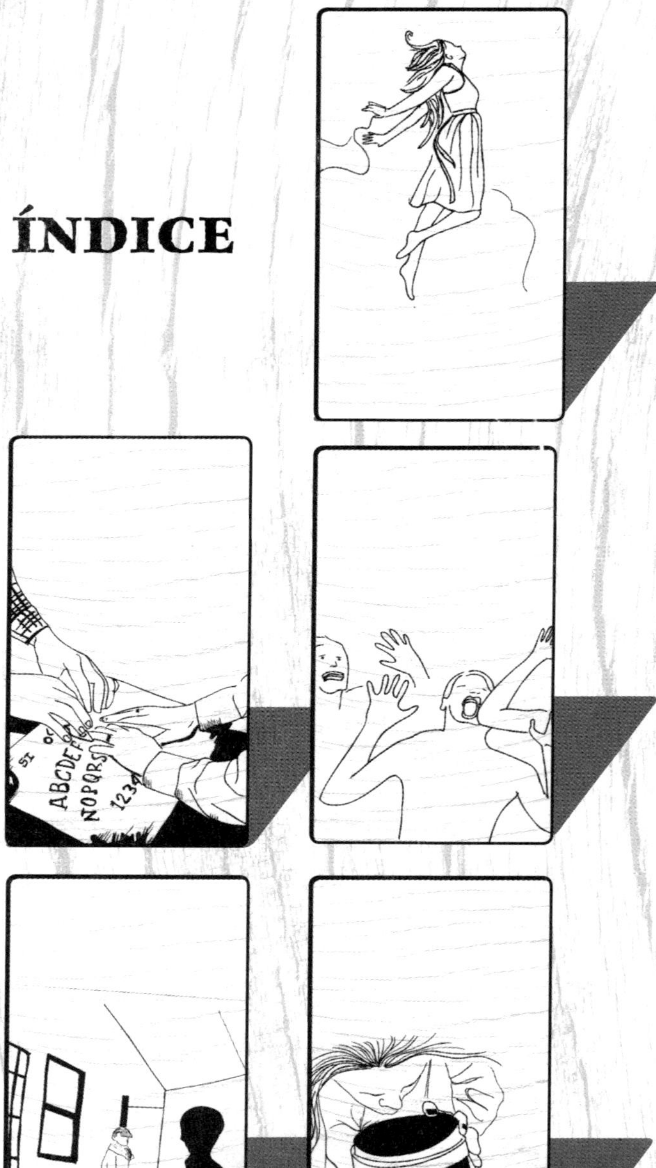

Esta obra se terminó de imprimir en octubre de 2010
en los talleres de Impresos Rometa
Calle Donizetti No. 193 Col. Vallejo
México, D.F.
y el tiro fué de 3,000 ejemplares